GEORG KÜHLEWIND

Wege zur fühlenden Wahrnehmung

Inhalt

Vorwort

Dieses Büchlein ist um der Übungen willen geschrieben worden. Der Teil, den man den theoretischen nennen könnte, die ersten sieben Kapitel, erscheint im Verhältnis zum Übungsteil (achtes Kapitel) lang. Der Übungsteil jedoch ist so gedacht, dass der Lesende die Übungen wirklich macht: Dann wird dieses Kapitel schon lang genug! Außerdem stammt der «theoretische» Teil größtenteils aus den Erfahrungen an und mit den Übungen. Er musste ihnen vorausgehen, damit man weiß, warum die Übungen auf die beschriebene Weise gestaltet sind. Hoffentlich lässt sich die Wahrheit der «Theorie» auch dann einsehen, wenn man die Übungen noch nicht gemacht hat. «Theorie» und «theoretisch» stehen in Anführungszeichen, weil sie viel eher Empirie, Erfahrung sind und keineswegs deduziert, also «theoretisch» bloß im Vergleich mit den Übungen.

Die Bewusstseinsschulung und innerhalb ihrer die Wahrnehmungsschulung geht von der untersten rationalen Ebene des Bewusstseins aus. Das ist möglich, weil dieses Bewusstsein aus seiner überbewussten Quelle lebt und als Bewusstseinsseele auf sich blicken kann. Das Bewusstsein beginnt beim Säugling mit dem *Fühlen.* Es ist ein Fühlen ohne Gliederung, Erinnern, Ideenwahrnehmen und nicht ichhaft. Der Weg in Richtung der Ratio bringt durch die Sprache die logoshafte, ichhafte Gliederung, die Begrifflichkeit in immer differenziertere Form und auf immer niedrigere Stufen, was aber zugleich ein Austrocknen des Fühlens im Wahrnehmen zur Folge hat. Die Schulung baut auf diese

Errungenschaften auf, sie ist aber bestrebt, sie auf höhere Ebenen zu führen und zu erweitern: als lebendige, fühlende, wollende Begriffe und entsprechende Gliederungen in der Welt, als eine Ich-bin-Erfahrung, die sich nicht auf den physischen Organismus stützt. Damit wird die Wahrnehmung belebt, fühlend und vernimmt das Wollen der Natur.

Da die Übungen von elementaren Erfahrungen am Wahrnehmen ausgehen und durchaus empirisch auseinander folgen, setzt sich der Verfasser mit keinen anderen Beschreibungen des Wahrnehmens oder mit irgendeiner Sinneslehre auseinander: Der Leser kann selber alles Beschriebene kontrollieren. Der so genannte theoretische Teil ist im völligen Einklang mit den Ansichten Rudolf Steiners über die Sinne und das Wahrnehmen. Die Übungen selbst sind als Hinführung zu den mehr fortgeschrittenen Wahrnehmungsmeditationen aufzufassen, die man in *Wie erlangt man Erkenntnisse der höheren Welten*? findet, z.B. «Blühen und Welken» (Kap.: «Stufen der Einweihung») oder das Anschauen eines Samenkornes (Kap.: «Kontrolle der Gedanken und Gefühle»). Weitere Bezüge zum Werk Rudolf Steiners und zu anderen Autoren sind jeweils im Anhang ausführlich dargestellt.

1.
Über die Begrifflichkeit beim Wahrnehmen

Der Erwachsene lebt in einer Wahrnehmungswelt, die ihm bekannt ist. Es kommt selten vor, dass er mit einem gänzlich Unbekannten konfrontiert wird. Das vertraute Ding, das vertraute Phänomen nimmt er gewöhnlich schon als *solches*, als ein «Das» wahr, ohne zu staunen, nachzudenken oder sich zu fragen: Was ist das? Das tut er nur in den Ausnahmefällen, wenn er auf etwas ihm Neues trifft: Dann tritt das Denken, die gedankliche Erklärung oder die gedankliche Intuition als deutende Instanz in Tätigkeit. Für die bekannten Wahrnehmungsphänomene ist die Deutung in der Vergangenheit geschehen und in das Sinnesleben eingebaut worden. Dadurch kommt die unterste Stufe des Wahrnehmens, die aber die häufigste ist, zustande: das informative Wahrnehmen.

Man kann im Hinblick auf das Beschriebene an einem Vexierbild sehr viel erfahren. Es besteht aus vielen Linien, einem wahren Gestrüpp. Wenn man weiß, dass im Dschungel der Linien irgendwo eine Katze verborgen ist, kann man sie mit einiger Mühe finden. Wenn man nicht weiß, was zu suchen ist, ob eine Katze, eine alte Frau oder ein Haus, wird man die Katze schwerer finden; man wird sie auch nicht finden, wenn man nicht weiß, wie eine Katze aussieht. Wenn man überhaupt keine Begriffe und Vorstellungen hat, findet man naturgemäß nichts. Das Bild zu entziffern bedeutet, in ihm eine begriffliche oder vorstellungsmäßige Gliederung zu finden.

Dieses Beispiel soll dazu dienen, *die Rolle der Begriffe* bzw. Vorstellungen *beim Wahrnehmen* zu beleuchten. Zu den genannten

Erfahrungen gesellt sich eine weitere: Die *Qualität des Wahrnehmens* ist unabhängig davon, ob man die versteckte Gestalt findet oder nicht, unabhängig von der Gliederung des Bildes, die anhand der Vorstellung «Katze» geschehen kann. Anders gesagt: Wenn man ein Viereck neben einem unregelmäßigen und unbenannten Gebilde sieht, sind die Wahrnehmungs*qualität* und die Bildung der Erinnerungs*vorstellung* gleich. Man kann das unbenannte Gebilde auch benennen, z.B. *«mablig»*. (Man beachte, dass man nur «etwas», d. h. ein begrifflich Konturiertes, mit Namen versehen kann.)

Ähnlich wie beim Vexierbild eine Gestalt nur gefunden werden kann, wenn man ihre Vorstellung besitzt, sieht man an doppeldeutigen Bildern beide Gestalten nur dann, wenn man beide Vorstellungen hat.

Aldous Huxley beschreibt in seinem Büchlein *Die Kunst des Sehens* den Prozess des Sehens. Demnach bestünde der Sehakt aus drei Teilprozessen: Empfinden (sensing), Herausheben (selecting) und Wahrnehmen (perceiving). *Das Empfinden* bewirkt eine Reihe von Farbflecken, die den «Rohstoff» des Sehens bilden. Durch das *Herausheben* wird ein Teil des visuellen Feldes von dem Rest abgegrenzt: ein Prozess, der seine physiologische Ursache in dem zentralen Punkt der Retina (fovea centralis), im Punkt des schärfsten Sehens hat und psychologisch von unserem Interesse bestimmt wird. Im *Wahrnehmen* wird das Empfundene und Herausgehobene als ein Gegenstand identifiziert (vgl. Anhang I).

Das Problem der *Begrifflichkeit im gewöhnlichen Wahrnehmen* zeigt sich klar im Hinblick auf das «Wahrnehmen» der Automaten, der Roboter. Dieses Problem ist bloß in der Phantasie der Science-fiction-Romanautoren so gut wie gelöst. In Wirklichkeit besteht da eine unüberwindbare Schwierigkeit: dass Automaten zwar Gedächtnis-Funktion (Speicher) besitzen können, nicht aber die Fähigkeit, Begriffe zu bilden. Daher müsste man z. B. auf folgende Weise verfahren, wenn man einem Automaten das Wahrnehmen *eines* Sessels «beibringen» wollte: Man müsste den betreffenden

Sessel (aus Holz, mit viereckigem Sitz usw.) der Kamera des Roboters «zeigen» und gleichzeitig «Sessel» in das «Gedächtnis» einschreiben. Kamera und Gedächtnis fixieren ein Bild, auf dem der Sessel aus einem bestimmten Gesichtswinkel, vor einem bestimmten Hintergrund, bei einer bestimmten Beleuchtung usw. anwesend ist. Schon durch die Veränderung des Gesichtswinkels bietet der Sessel perspektivisch ein ganz anderes Bild. Dieses müsste wieder fixiert und unter der Deutung «Sessel» eingetragen werden. Es ist offensichtlich, dass *derselbe* Sessel aus allen möglichen Gesichtswinkeln, bei allen möglichen Beleuchtungen, vor allen möglichen Hintergründen (denn das Bild hebt den Sessel vom Hintergrund nicht ab), in allen möglichen unzähligen Umgebungen «gezeigt» und fixiert werden müsste. Dann hätte man erreicht, dass der Automat diesen Typ von Sessel «wiedererkennt». Mit einem anderen Typ, der sich in Farbe, Gestalt, Größe usw. vom ersten unterscheidet, müsste man den Prozess wiederholen usw.

Man vergleiche dieses Vorgehen mit dem Belehrtwerden eines Kindes: Ist einmal der Begriff «Sessel» *funktionell*, d. h. *verstehend* erfasst, so wird es jede Art von Sessel aus jeder Perspektive, auch einen Baumstumpf, auf dem jemand sitzt, als «Sessel» wiedererkennen. Der Begriff nämlich erfasst oder ist die Funktion des Gegenstandes, nicht eine Zusammenfassung einzelner äußerer Merkmale.

Am Beispiel des Automaten kann klar werden, dass das Tableau der Wahrnehmungen durch Begriffe bzw. Vorstellungen in Einzelheiten *gegliedert wird*. Dass wir es im Wahrnehmen sofort mit Einzelheiten zu tun haben, ist Ergebnis vorangehender Begriffstätigkeiten (vgl. Anhang Ia).

Dass oben auch «Vorstellungen» als gliedernde Mittel des Wahrnehmungstableaus erwähnt wurden, hat seinen Grund darin, dass der moderne Mensch kaum über begriffliche Intuitionen verfügt, die Naturphänomenen «entsprechen».[1] Wir verstehen durch und durch, was das Wesen einer Vase ist, wissen aber nicht, was dem «Wesen» eines Grashalmes, eines Pyrits oder eines Igels entspricht. Die Naturdinge werden an ihren äußeren Merkmalen erkannt, d. h. am Vorstellungsbild. Dieses selbst ist begrifflich durchsetzt, man könnte sagen, es besteht aus Ersatzbegriffen, die nicht einmal benannt werden müssen. Der Ahornbaum ist durch seine Blätter zu erkennen, die eine bestimmte, nicht benannte, wiedererkennbare Form haben. Die «Begriffe» der Naturdinge sind eigentlich Vorstellungsbilder, Erinnerungsbilder, beruhen nicht auf «Verstehen» und entsprechen allenfalls der Forderung, eindeutige Zeichen von Gegenstandsarten zu sein (M. Schlick[2]). Diese Kennzeichnung sichert die «Anwendbarkeit» oder «Brauchbarkeit» der «Begriffe», die aber eigentlich bloße *Namen* sind, aber sie ist oder wäre keineswegs hinreichend für die «Herstellung» der Dinge, auf die die «Begriffe» sich beziehen, im Gegensatz zu den funktionell verständlichen Begriffen der menschengeschaffenen Gegenstände. Da diese letztlich aus Stoffen und Phänomenen der Natur zusammengesetzt sind – z. B. Kupfer und Elektrizität enthalten –, die als solche nicht funktionell verstanden werden, ist das Verstehen der menschengeschaffenen Gegenstände auf ihre Funktionalität als Ganzheit beschränkt.

Hinsichtlich der gewöhnlichen Wahrnehmung und ihrer Elemente beginnt die Frage nach der Begrifflichkeit bei den Sinnesqualitäten. Man weiß wohl, dass die Aufmerksamkeit des Kindes belehrt werden muss, um Farben im menschlichen Sinne wahrzunehmen. Zunächst muss erlernt werden, die Aufmerksamkeit selektiv auf die Farbigkeit lenken zu können und damit von allen anderen Eigenschaften, wie Größe, Gestalt, Stofflichkeit usw. abzusehen. Anders ausgedrückt: Aus der Ganzheit des Gegebenen muss die Farbigkeit erst durch die differenzierte Begrifflichkeit intuitiv herausgegliedert werden. Das kann geschehen, bevor die einzelnen Farben herausgegliedert werden; dann entstehen die bezeichnenden Bemerkungen des Kindes, wie diese beim Erblicken des Spinats: «Das ist rot wie der Himmel!» Mit «rot» wird hier lediglich die Farbigkeit überhaupt bezeichnet. Dass die Gliederung der Farbenpalette in den einzelnen Sprachen oft unterschiedlich ist – es werden z. B. nur vier Farben unterschieden und die Abgrenzungen aus der kontinuierlichen Farbenskala unterschiedlich gezogen –, zeigt klar die Rolle der Begrifflichkeit im Farben-Erleben. Dieses Phänomen ist ein Teil der so genannten Sapir-Whorf-These in der Sprachwissenschaft, nach der das Weltbild und das Denken der Völker durch ihre Sprachen – eigentlich durch die sprachlich gebotenen Begrifflichkeiten – bestimmt und daher unterschiedlich sind, weil die verschiedenen Sprachen die äußere und innere Welt, ähnlich wie die Farbenskala, unterschiedlich gliedern und die herausgegliederten Einzelheiten durch die unterschiedlichen Grammatiken auch unterschiedlich verbinden. Diese Unterschiedlichkeit im Weltbild und Denken dauert aber nur so lange an, als sich das Denken von seiner Lehrmeisterin, der Sprache, nicht loslöst. Das neuzeitliche Denken ist in der westlichen Zivilisation in abstrakter Weise von jeder Sprache emanzipiert: Alle wissenschaftlichen und technischen Begriffe sind nicht in den Sprachen vorgegeben. Diese Loslösung erfolgt auch bei Naturvölkern, wenn sie von der westlichen Zivilisation berührt werden.[3]

Die Begrifflichkeit der Sinnesqualitäten hat den besonderen Charakter, dass sie sich ohne Sinneserfahrung nicht einmal als wiedererkennbare, erinnerbare Vorstellung aneignen lässt; einem Blindgeborenen sind Farbenvorstellungen nicht beizubringen.

Was viele Denker irreführt, ist die Beobachtung, dass das Kind, lange bevor es die Farbenbegriffe erfasst hat, also Farben wiedererkennt, durchaus auf Farben anspricht, sie miterlebt. Dieses rein empfindungsgemäße Erleben soll von dem Wahrnehmen der Farben völlig unterschieden werden. Wie das Kind zunächst das Sprechen «hört», oder wie der Erwachsene eine ihm nicht geläufige Fremdsprache hört, *ohne zu verstehen*, so «sieht» das Kind zunächst die Farben. Es kann in dieser Entwicklungsphase z. B. das Rote nicht wiedererkennen, d. h. ein *zweites Mal* sehen, schon weil es die Farbigkeit von anderen Eigenschaften nicht absondern kann. Hat es dann das Rote *einmal* gesehen? (vgl. Anhang II)

Die Begriffe der Farben und die der anderen Sinnesqualitäten sind hohe, nicht dialektische Ideen, und eben deshalb erkennt sie das heutige Alltagsbewusstsein nicht als «denkbare» Begriffe, ähnlich wie es mit allen Naturnamen der Fall ist. Die Erfahrung zeigt auch, dass wir in manchen Sinnesbereichen ohne Namen für die Qualitäten auskommen, die wir doch sehr wohl, d. h. begrifflich unterscheiden können. So z. B. im Gebiet des Geruchssinnes, das kaum über eigene Qualitätsbezeichnungen verfügt; wir sagen «Lilienduft», als würden wir anstatt «blau» «kornblumenfarbig» sagen.

Das kleine Kind verfügt nicht über Begrifflichkeiten. Diese werden ihm erst durch die Sprache geboten, wobei man den Anfang des Sprechenlernens in der ganz frühen lautlosen Kommunikation mit der menschlichen Umgebung erblicken kann: schon das Wahrnehmen des Angelächeltwerdens und das Zurücklächeln sind relativ späte Zeichen. Das Kind wird durch eine wortlose, lautlose Kommunikation der Bedeutung der verlauteten Worte inne;[4] die Psychologie nimmt hierbei mit Recht eine gemeinsame Bewusstheit des Kindes mit der Umgebung an, eine «vie à plusieurs».[5] Die fühlende Aufmerksamkeit des Kindes reicht an die Sprechintention der Erwachsenen heran. Dieses gemeinsame Bewusstsein wird durch den fortschreitenden Einzug des Ich in den Organismus individualisiert, aber es hört nie vollständig auf zu wirken. Der Unterschied, den wir empfinden, wenn wir einen anwesenden Redner hören oder denselben Text vom Tonband, ist teilweise auf diese rudimentäre Gemeinsamkeit zurückzuführen.

Am Anfang des Erdenlebens steht das Kind vor oder in der Wahrnehmungswelt, wie der Erwachsene vor einem Vexierbild stehen würde, wenn er überhaupt keine Begrifflichkeiten besäße. Das Gegebene verfließt in eine Kontinuität. Auch wenn der Erwachsene im Vexierbild die Katze nicht entdecken kann – z. B. weil ihm die entsprechende Vorstellung fehlt –, kann er doch «Linien», «Striche», «Schwarzes», «Weißes», «gerade und gekrümmte Linien» usw. sehen, falls ihm diese geläufig sind; dem Kinde fehlen auch diese. Weil seine Aufmerksamkeit noch nicht belehrt ist, sich selektiv auf die Sinnesqualitäten zu richten, erscheint ihm die Welt als Kontinuität, die mitgelebt wird – man spricht von einem partizipierenden Bewusstsein, das eher mitträumt – in viel lebendigeren, gesättigteren Qualitäten, als sie der Erwachsene kennt (vgl. Kapitel 3).

Das Wahrnehmen des Erwachsenen beruht auf der begrifflichen Gliederung des unmittelbar gegebenen Welttableaus. Dasjenige, für das man weder Begriffe noch Vorstellungen hat, wird durch Ersatzbegriffe oder Ersatzvorstellungen aus dem Ganzen des Gegebenen individualisiert: Wer nicht weiß, was «Schere» ist, sieht zwei Metallstücke mit einem Stift verdrehbar zusammengeheftet – falls die Begriffe «Metallstück», «Stift» usw. zur Verfügung stehen. Auch wenn kein sprachlicher Ausdruck, kein Name für das Wahrgenommene zur Verfügung steht, wird es «begrifflich» wahrgenommen, sofern es sich um das Wahrnehmen eines Menschen handelt, dessen Denken von der Sprache emanzipiert ist. Es kann auffallen, dass die Zeichnungen und Malereien kleiner Kinder und archaischer Völker oft dort «vereinfacht» erscheinen, wo einzelne Merkmale selektiv hervorgehoben sind; hier wird nicht wahrgenommen und folglich nicht abgebildet, wofür es keine Wort-Begriffe gibt, weil das Denken nicht außerhalb der Sprache vor sich gehen kann.

Anhand dieser Ausführungen mag ersichtlich geworden sein, dass das Wiedererkennen eines Gegenstandes durch seine bekannt erscheinenden Merkmale *keine Erkenntnis* ist, eher Wieder-Benennung; der Name rührt nicht aus einer Intuition her. Dasselbe ist über die *erste Benennung* dieser Art zu sagen: Es ist keine Erkenntnis, wenn ich erfahre, dass der Fluss, den ich sehe, die Isar ist, oder das Blümchen vor mir Vergissmeinnicht heißt. Denn die Namen sind nicht nur keine *entsprechenden* Begriffe, sondern überhaupt keine Begriffe. Durch Benennung entstehen *Kenntnisse*, nicht *Erkenntnisse*.

Ein völlig Nichtbegriffliches ist weder wahrnehmbar noch denkbar. Zu meinen, es existiere etwas ohne Idee oder Begriff, es gäbe etwas ohne Qualitäten und Eigenschaften, ein Sein ohne Sosein, das ist die – meistens nicht bewusste – empfindungsmäßige Quelle des Materialismus. Er besteht in der Überzeugung, dass es etwas gibt – und das ist der Weltengrund selbst –, das *prinzipiell* undenkbar ist: prinzipiell nicht vorläufig oder durch die Beschränktheit der Denkfähigkeit. Es ist bezeichnend für diese und jede andere agnostische Ansicht – die also meint etwas annehmen zu müssen, das prinzipiell unerkennbar ist –, dass sie allein die Art von Ideen kennt, welche vom Alltagsbewusstsein fassbar sind und von einer Entwicklungsmöglichkeit des Bewusstseins zur Erfassung weiterer, höherer Ideen nichts wissen. Beispiele solcher Anschauungen sind der Kantianismus (mit seinem Ding an sich) oder der religiöse Agnostizismus (für den die Gottheit unerkennbar ist), z.B. der Islam. Meistens bleibt ihnen verborgen, dass sie im Wesentlichen materialistische Gesinnungen sind und den offenen Materialismus vorbereiten. In diesem verwandelt sich der helle, erkennbare, ideenhafte Weltengrund in finstere, d. h. nicht ideelle «Materie». Man könnte sagen, das zunächst allzu helle Licht blendet den Menschen und wird von ihm deshalb als Finsternis gedeutet.

Die gegebene Welt des Erwachsenen ist begrifflich durchwoben und dadurch in Einzelheiten gegliedert. Die wahrnehmende Aufmerksamkeit wird zunächst durch den Spracherwerb den verschiedenen Sinnen gemäß belehrt, weil mit der Muttersprache auch das erste Begriffssystem mitgeliefert wird, das die «Innenseite» der Sprache ist. So besteht ein Sinn aus dem Sinnesorgan und der spezifisch belehrten Aufmerksamkeit. Wie die erste Belehrung beim Kind vor sich geht, versucht das nächste Kapitel zu beschreiben.

2.
Die Sprache und die Sinne

I.

Die Sinne des Erwachsenen sind geistig-physische Organe, durch die eine Wahrnehmung, erkenntnispsychologisch gesehen, *unmittelbar* zustande kommt. Wahrnehmung ist hier im Sinne von Huxley (s. Kap. 1) gemeint, d. h. der herausgehobene Empfindungskomplex samt seinem «Was». «Unmittelbar» bedeutet hier den Ausschluss jeglicher Verstandestätigkeit, wie Nachdenken, Suchen im Gedächtnis, Vergleichen usw. (vgl. Anhang III). «Geistig» sind diese Organe, weil die wahrnehmende Aufmerksamkeit des Menschen eine geistige Tätigkeit ist und weil in den erkenntnispsychologisch gesehen unmittelbaren, einfachen Wahrnehmungsakten die Begrifflichkeit schon enthalten sein muss; «physisch» sind die Sinne, indem sie in den Sinnesorganen physische Träger haben. Der Prozess, durch den die Begrifflichkeiten in die Sinne und ihre Tätigkeit eingebaut werden, kann in Anlehnung an Goethes Ausspruch[6] die «Belehrung der Sinne» genannt werden.

Der physische Teil der Sinne – das Sinnesorgan – kann offensichtlich nicht belehrt werden. Die Physiologie des Auges ändert sich nicht, wenn das Kind plötzlich die Farben wiederzuerkennen beginnt. Die Belehrung wird der geistigen Funktion der Sinne zuteil, der Aufmerksamkeit, ohne die es keine Sinnestätigkeit gibt, obwohl die physiologischen Prozesse im Sinnesorgan und Nervensystem ablaufen.[7] Die Belehrung erfolgt im frühen Kindesalter, wir erinnern uns nicht an sie, und so kann der Prozess nur durch Besinnung gedanklich zurückverfolgt werden. Die Besinnung beginnt damit, dass der Mensch versucht, von aller aktuellen

Verstandestätigkeit im Hinblick auf seine Bewusstseinsinhalte abzusehen. Das ist der erste Schritt, um von der begrifflich gegliederten Welt ausgehend Einblick in das «Weltbild» zu gewinnen, das vor dieser Gliederung liegt. Alles, was dann als Bewusstseinsinhalt wirklich oder der Möglichkeit nach bleibt, kann das «Gegebene»[8] genannt werden. Es besteht aus zusammenhanglosen Einzelheiten und Qualitätsempfindungen, die aus vorangehender begrifflicher Gliederung – eben aus der Belehrung der Sinne – herrühren. Wird das Gegebene in Gedanken bis zu seinem Entstehen zurückverfolgt, d. h. werden aus dem Bewusstseinsinhalt immer mehr begriffliche Bestimmungen abgezogen, dann kommen wir letztlich zu einem begrifflich völlig ungegliederten «Bild», das eben deshalb keine menschliche Erfahrung mehr, sondern bloß ein Ergebnis des konsequenten Denkens ist. Am nächsten kommt dem die «Erfahrung», die man macht, wenn man z. B. in einer unbekannten Umgebung aus dem Schlaf oder aus einer Betäubung erwacht: Man sieht, aber weiß nicht, was man sieht. Ein anderes Beispiel, das diesem Bild nahe kommt, ist die Erfahrung Kaspar Hausers, als er kurz nach seinem Eintritt in die Zivilisation angehalten wird, aus dem Fenster zu schauen. Da ihm die Begriffe fehlen, glaubt er, das Gesehene sei auf ein Brett gemalt, und sieht bloß Farbflecke, keine Gegenstände.[9]

Das ungegliederte Bild kann das «unmittelbar Gegebene» genannt werden, und es dient als Ausgangspunkt für eine voraussetzungslose Erkenntnistheorie (vgl. Anhang IV).

Durch ein Entziehen der Begrifflichkeiten würde der Erwachsene bloß zu immer ärmeren Wahrnehmungserlebnissen gelangen. Man kann aber aus den eigenen Kindheitserinnerungen und Beobachtungen an Kindern sowie an archaischen Kulturen folgern, dass fehlende scharfe und differenzierte Gliederung Hand in Hand geht mit einem Reichtum an Fühlen. Dieses erkennende Fühlen hat den archaischen Kulturen zu sehr bedeutenden technischen, medizinischen und architektonischen Leistungen verholfen. Es ist auch zu beobachten, dass die logische Reihenfolge beim theoretischen

Tilgen der Begrifflichkeiten an einem Wahrnehmungstableau von den differenzierten zu den umfassenderen Begriffen verläuft. Umgekehrt ist es bei dem Aufbau eines Begriffssystems beim Kind: Zuerst werden die «großen» Begrifflichkeiten erfasst, ähnlich wie man im Bar-Kochba-Spiel[10] erst die allgemeinen Kategorien zu finden versucht, in denen das Einzelding einzufangen ist.

Die Gliederung in Einzelheiten und Zusammenhänge geschieht durch die Begriffe und das Denken, die beim Erwachsenen als Teile des Gegebenen vorgefunden werden, wenn er sich auf sein Bewusstsein besinnt. Der Urakt des Denkens ist die Intuition, durch die Begriffe entstehen und Zusammenhänge aufleuchten.

Die Fähigkeit des gegliederten Verstehens wird dem menschlichen Bewusstsein durch die Sprache eingebildet; sie ist ein grundlegend und primär Gegebenes. Die Muttersprache wird dem Kind als eine Vereinigung der sonst getrennten Elemente des Wahrnehmens und der Begrifflichkeit durch die menschliche Umgebung gegeben. Der Mensch lernt von und durch die Muttersprache denken, und das Denken bleibt bis zum Erwachen der Bewusstseinsseele sprachgebunden, d. h. solange er noch nicht auf das eigene Bewusstsein schauen kann. Zur Sprache muss jede gegliederte Ausdrucksgebärde gerechnet werden, hinter der immer die Sprache steht.

Die erziehende Rolle der Sprache beschwört eine abgründige Frage des Menschwerdens herauf. Denn damit durch die Sprache das unmittelbar gegebene Kontinuum seine erste Gliederung erfahren kann, muss die Sprache selbst in ihrer diskontinuierlichen Erscheinungsform gegliedert, d. h. als aus *Unterschieden* bestehend wahrgenommen werden. Da die Wahrnehmungswelt durch die sprachlich gegebenen Begriffe gegliedert wird, scheint hier eine petitio principii vorzuliegen, die nun eingehend untersucht werden soll.

II.

Das empfindende Erleben von Unterschieden soll von deren Wahrnehmung scharf abgegrenzt werden, ohne dass der kontinuierliche Übergang zwischen den zwei Erfahrungsarten in Zweifel zu ziehen ist. Bei Tieren kann ein Reagieren auf Farben, Gerüche, Gegenstände oder Gestalten beobachtet werden. Es wäre voreilig, zu behaupten, die Verhaltensreaktion beruhe auf einer Wahrnehmung. Das wäre eine Folgerung nach dem Muster des menschlichen Verhaltens. Vielmehr ist das Tier durch ein artspezifisches Empfindungsmuster in die Natur eingeschaltet; diese wirkt durch das Sieb des Musters selektiv auf das Verhalten des Tieres ein. Ein artbestimmter Empfindungsleib regelt nach eingebauter Weisheit das Verhalten. Man kann in Anknüpfung an Steiners Sinneslehre[11] sagen, dass die Lebensvorgänge als instinktive innere Erlebnisse beim Tier deshalb nicht zu Wahrnehmungen etwa eines Lebenssinnes werden, weil die nach dem Empfindungsmuster gestaltete «Welle des Instinktiven» nicht an einen «Ich-Menschen» heranschlagen kann. Es bleibt beim empfindenden Erleben. Beim Tier sind alle so genannten Sinnesvorgänge zugleich Lebensvorgänge; daher folgt auf das «Wahrnehmen» lückenlos die «Handlung».

In einer gewissen Weise analog laufen die «Sinneswahrnehmungen» des kleinen Kindes ab, bevor es sich die Anfänge des Sprechens erwirbt. Es reagiert auf Eindrücke, Sinnesqualitäten, z. B. auf Farben, die es viel später *begrifflich* unterscheiden lernt. Verglichen mit dem tierischen Sinnesorganismus, der zugleich Lebensorganismus ist, liegen beim Säugling zwei große Unterschiede vor. Einerseits ist das Reagieren nicht durch ein weises Empfindungsmuster beschränkt; dadurch ist das Kind hilflos und dem jungen Tier gegenüber relativ unselbständig in die Welt gestellt. Andererseits verfügt das Menschenkind von Anfang an über freie Lebens- und Empfindungskräfte, die das *Lernen* prinzipiell ermöglichen. So kann das fehlende instinktive Reagieren bald durch Intelligenzkräfte ersetzt werden.

Das Kind ist im Anfang ganz Sinn,[12] die Differenzierung und Einschränkung auf die einzelnen Sinne erfolgt im ersten Jahrsiebt. Die *eine*, ganzheitliche Sinneswahrnehmung kann *Fühlen* genannt werden. In diesem findet der Übergang vom Empfindungserleben der Wahrnehmungswelt zum ichhaften Wahrnehmen statt, das früher oder später zu einem begrifflichen Urteil führt.[11]

Vor diesem Übergang fließt das Leben des Bewusstseins und der Welt zusammen; der Bewusstseinsprozess kann sich vom Empfindungserleben nicht zurückziehen, sich nicht von ihm trennen. Erst diese Trennung trägt die Möglichkeit eines Wahrnehmens in sich, dem keine Handlung, kein Verhalten zwangsläufig folgen muss. Die Trennung bedeutet, dass sich neben dem Wahrnehmen eine zweite Bewusstseinsmodalität bildet, die später beim Erwachsenen zum *gedanklichen* Leben wird.

Das Sich-Herausheben aus der Natur vollzieht sich unter dem Einfluss der *sprechenden* Umgebung, ohne die sich das Kind weder aufrichtet noch sprechen und dadurch denken lernt. Im Gegensatz zu allen Fähigkeiten der Tiere – wenn man von ihren durch menschliche Einwirkung veranlassten sekundären Reflexen absieht – sind diese Errungenschaften nicht vererbt. Sie kommen zustande, indem der Mensch über Kräfte verfügt, die nicht in biologischen Prozessen oder im Aufbau des Organismus beschäftigt und gebunden sind, sondern – an der biologischen Notwendigkeit gemessen – als Überflusskräfte frei sind oder mit der Zeit frei werden.

Zeichen solcher Kräfte sind vor dem Spracherwerb das Weinen, das Lächeln und das Lallen. Keine dieser Äußerungen ist beim Tier zu beobachten. Die freien Kräfte werden durch das sprechende Verhalten der Umgebung geprägt. Dieses bewirkt nach und nach den Übergang vom empfindenden Erleben der Welt, vom Reagieren, von sekundären Reflexen zum echt menschlichen, d. h. *verstehenden* Verhalten.

III.

Unter den möglichen Sinneswahrnehmungen des Kindes weichen die sprachlichen Phänomene – Sprechen, Singen, Mimik, Gebärden, das *sinnvolle* Verhalten – von den anderen insofern ab, als der Erwachsene, schon sprachbelehrt, sie mit Hilfe seines Denkens produziert. Deshalb sind diese Phänomene durch ein sprachunbelehrtes oder empfindendes (astralisches) Erleben oder Fühlen nicht verfolgbar, nicht verständlich. Insofern sie den Lauten, Worten, gedanklich gegliederten Wahrnehmungen ausgesetzt sind, werden die spezifisch menschlichen Sinne, namentlich der Lautsinn, Begriffssinn, Du-Sinn (Ich-Sinn), zunächst zur qualitativen Funktion wachgerufen: Das Kind beginnt, die entsprechenden Qualitäten wahrzunehmen, zu unterscheiden. Diese Sinne, die im Bewegungssystem, im Lebensorganismus und in der ganzen menschlichen Gestalt ihr nicht-lokalisiertes, funktionelles Organ haben,[13] arbeiten, wie alle menschlichen Sinne, mit den nicht am Leibe tätigen und daher freien Kräften; sonst könnte der Mensch durch sie in ihrem Bereich nicht *alles* wahrnehmen. Im Anfang nimmt das Kind tatsächlich nicht alles wahr: Die menschlichen Sinne müssen dazu belehrt werden. Sie werden von oben her belehrt, von den erwähnten drei oberen Sinnen her.

Das der Sprache «Ausgesetztsein» bedeutet, dass an das Kind von zwei Seiten her die Sprachphänomene heranschlagen: von der sinnlich erscheinenden, z. B. akustischen, und von der verborgenen, als Sinneswahrnehmung nie erscheinenden Seite, d.h. vom Sinn oder von der Bedeutung her. Für das Kind muss diese Seite des «Sprechens» unmittelbar zugänglich sein, sonst könnte es nie zu ihr gelangen. Denn durch die erklingende Lautgestalt ist der Sinn der Rede nicht zu erraten; deshalb kann das Kind z. B. durch ein Tonband oder von einem Automaten nicht sprechen lernen: Da ist keine Sprechintention anwesend. Das Kind erfasst die Sprechintention intuitiv, und dadurch bekommt das erscheinende Zeichen seinen Sinn.[14]

Der Sinn der Rede, der zunächst mit dem erscheinenden Zeichen unzertrennlich verbunden ist, hat Logos-Natur: Gliederung und Zusammenhang zugleich – wie es an der Struktur eines Satzes als in den Worten (Gliederung) verborgener (einheitlicher) Sinn erscheint. Die Arbeit des Zusammen-Lesens der diskreten Zeichen zum Sinn (oder der umgekehrte Vorgang beim Sprechenden) kann nur durch ein Ich-Wesen geleistet werden, und die Elemente der Rede, Laut, Wort, Begriff, Ichhaftigkeit, Weinen, Lachen usw., sind auch nur für ein Ich-Wesen zugänglich. Daher kann die Sprache den Übergang vom empfindenden Erleben in die menschliche Erfahrung bewirken.

IV.

Das Erfassen der Sprache bedeutet eine dreifache Verständnisgebärde oder Intuition, die dem Doppelwesen des Sprachphänomens, seinem Bestehen aus Zeichen und Sinn, entspricht.

Das Kind erfasst den Sinn der ersten Worte – immer in einer Sprechsituation – intuitiv und zugleich die sinnliche Erscheinungsform des Inhaltes: Dadurch werden die zwei Verständnisse verbunden. Es lässt sich beobachten, dass das Erfassen der einen oder der anderen Seite eine Zeit lang allein geschehen kann, ohne dass beide miteinander verbunden werden, z. B. indem das Kind Laute ohne Sinn nachahmt oder indem es den Sinn, wie bei anderen Wahrnehmungen, empfindungsmäßig erahnt, fühlend wahrnimmt, ohne ihn mit dem Sprachzeichen zu verbinden. Das Hören der Laute geht deren Hervorbringen weit voran.

Das Erleben des Doppelwesens der Sprache[15] bewirkt einen *inneren Akt* im Bewusstsein, der zunächst ungetrennt vom Sinneswahrnehmen des Gesprochenen verläuft, sich aber nach und nach vom Wahrnehmungsakt separiert, verselbständigt und das «wortlose» Denken ermöglicht.[16] Das Denken urständet in dem inneren Akt des Sprachverstehens. Darin hat das ganze begriffliche Innenleben des Menschen seinen Ursprung.

Das Besondere an der Sprache besteht darin, dass sie nicht nur Wahrnehmung, sondern sinntragende Wahrnehmung ist. Durch die Erfahrung ihres Doppelwesens gewinnen auch die anderen Wahrnehmungen eine Innenseite, einen Sinn und werden zu Zeichen. Dieser Zeichencharakter geht später verloren: Das «Ding» scheint den Begriff aufgesaugt zu haben; Hegel spricht diesbezüglich von der Entfremdung der Idee von sich selbst. Mit dem Erfassen der Sprache in ihrer zweifachen Wesenheit beginnt das Bewusstsein zwischen Hingegebensein im Wahrnehmen – das wie ein Rest des früheren einheitlichen Erlebens ist – und dem Eigenleben im Denken zu atmen.

Diese Veränderungen im Bewusstseinsleben, die durch die zweifache Struktur der Sprache bewirkt werden, entbinden auch das *begriffliche* Unterscheiden. Dazu muss das Bewusstsein zeitweise vom Wahrnehmen zurücktreten können, muss sich aus dem einheitlichen Wahrnehmungsleben ausschalten können. Das Erleben der Begriffe wird vom Erleben der Wahrnehmungen allmählich getrennt; die Wahrnehmungsbegriffe werden aus dem einheitlich gegebenen Bild herausgehoben. Dadurch bekommt das zurückgebliebene Wahrnehmungsbild seine begriffliche Strukturierung. Solange Sprechen und Denken ungetrennt sind, ist das Erkenntnisleben gänzlich «gegeben», die Welt ist heil und fraglos. Fragen entstehen im Hinblick auf die Wahrnehmungswelt erst später, wenn das Denken auch sprachunabhängig möglich wird und daher sprachunabhängige – durch die Sprache nicht vorgegebene – Begriffe gebildet werden können, die nicht mehr lückenlos in das nunmehr nicht verstandene, fraglich gewordene Wahrnehmungsbild passen.

Durch die Erfahrung der Sprache wird das intuitive und kontinuierliche Verstehen anhand der diskontinuierlichen Zeichenstruktur der Sprache gegliedert. Am Anfang stützt sich das Verstehen vorwiegend auf die Intuition, und der erscheinende Teil der Sprache spielt eine untergeordnete Rolle: Bei den so genannten «primitiven» Sprachen wird der spärliche Wahrnehmungsteil durch mächtige

Intuitionen von innen ergänzt. Andererseits wird in unserer Zivilisation immer wieder versucht, das Intuitive in der Sprache durch Mechanismen zu ersetzen, z.B. in Übersetzermaschinen, in denen jedes Wort nur *eine* festgesetzte Bedeutung haben kann. Das ist in lebendiger Kommunikation (abgesehen von den wissenschaftlichen und technischen Ausdrücken) nicht der Fall.

Damit wird auf die Quelle der Sprache und des Denkens verzichtet: Kein neuer Gedanke, keine neue Idee werden möglich.

Die Bildung höherer Begriffe auf intuitivem Wege[17] führt das Bewusstsein wieder in die Richtung eines monistischen Weltauffassens und zu einer Erneuerung des Spracherlebens. Diese Begriffe sind von den Alltagsbegriffen und denen der Wissenschaft ebenso verschieden wie die am Anfang der Bewusstseinsentwicklung durch Sprachinspiration erworbenen: Innenwelt und Außenwelt begegnen sich in ihnen in einer Einheit.

3.
Die Entstehung des Weltbildes

Wie entsteht das erste «Das»? Wir kennen den Endzustand ziemlich genau, den scharf konturierten Begriff. Eindeutig sind allein die sekundären, d. h. technisch-wissenschaftlichen Begrifflichkeiten. Sie können definiert werden, namentlich durch die nicht-definierten und nicht definierbaren Begrifflichkeiten, die den mehr lebendigen, nicht verholzten Teil der Sprache und des Bewusstseinslebens ausmachen. Dieser Teil der Begrifflichkeiten enthält Elemente, Bestandteile, die nicht ganz fest, kristallin sind, mehr knorpelig als knochenartig, aus dem Gallertartigen sich eben verfestigend. Wenn wir den Vorgang der Kristallisation rückwärts verfolgen, werden die Elemente immer weniger konturiert, die sie trennende «Flüssigkeit» – das Bindegewebe – nimmt an Ausdehnung ab, während die halb flüssigen Elemente wachsen, bis sie sich berühren und ineinander übergehen. Wir finden in dieser Richtung immer größere, flüssigere, gefühlsgesättigtere Gebilde. Ganz am Anfang steht ein riesiges, die ganze Gefühlswelt ausfüllendes «Das». Die Kinder bezeichnen es mit einer einzigen Silbe: «Ta», «Da» oder «A», d. h. mit dieser Silbe wird alles, jeder Gegenstand, jede Situation, jedes «Gefühl» bezeichnet – alles, was für den Erwachsenen ein «Das» ist.

Nun bedeutet auch das früheste Erscheinen eines noch so unscharfen «Das», dass das Mitleben, Mitgehen, die Identität mit der Welt keine vollständige oder ununterbrochene mehr ist, sondern es gibt ein «Zurückbleiben», eine leise Entfernung des Bewusstseins von dem, was eben als «Das» erlebt wird. Dazu muss sich das Ich mit etwas verbinden, was *fertig* geformt ist, was nicht ganz mitgehen kann, nicht vollkommen mit den Dingen verschmelzend wie das

Ich; an dem sich das anpassungsfähige Ich wie an einem Spiegel oder Kontrast «bewusst» wird. Das «Bewusstwerden» bedeutet am Anfang ein ganz dumpfes, unklar träumendes Gefühlserlebnis; es ist der erste Keim eines Innenlebens, das eine gewisse, später immer mehr zunehmende Unabhängigkeit von den Einwirkungen von außen oder vom Körper her hat.

Das fertige Gebilde, in dem sich das Ich gleichsam verankert, ist im leiblichen Organismus gegeben, in den sich das Ich im fortschreitenden Inkarnationsprozess hineinbegibt. Die Offenheit nach außen – zu allem, was nicht vom Körper her kommt – und die Empfindung des Körpers bilden die zwei Pole, in deren Spannung sich ein «Das» bilden kann.

Anzeichen dafür, dass ein «Das» wirklich vom *Ich* erfasst worden ist, ist die Fähigkeit, sich auf Anhieb daran zu erinnern (sodass es nicht in den Bereich der Instinktivität fällt). Bloßes «Wiedererkennen» lässt noch nicht unbedingt auf Begrifflichkeit und Ichhaftigkeit schließen; es kann z. B. ein sekundärer Reflex sein, und der besteht im Einbauen eines Motivs, das immer mit der Instinktivität zusammenhängt, in das artspezifische Muster des Empfindungsleibes. Die Fähigkeit zu spontanem Erinnern bedeutet, dass die Quelle des Erinnerungsaktes weder in der Außenwelt noch im Organismus, sondern im seelischen Innenleben liegt, dass dieser Akt also vom Ich ausgeht. Die Entfaltung dieser Art von Erinnerung kann nur geschehen, wenn die Begrifflichkeit – auch als Vorstellungsbild – von der Wahrnehmung unabhängig geworden ist, aus der sie stammt oder auf die sie sich bezieht. Dem gehen viele Entwicklungsstufen voran.

Das «Zurückbleiben», das nicht völlige Mitgehen mit den heranprallenden Perzeptionen führt letztlich zur «Beruhigung» der Sinne, zur Ruhe des Kopfsystems zunächst, sodass einer Sinneswahrnehmung kein Handeln zwangsläufig folgt und der ruhende «Zeuge» des Wahrnehmens sich bilden kann. Beim Erwachsenen ist er im Denken, Vorstellen und begriffsdurchwobenen Wahrnehmen ausgeprägt, beim emotionalen Erleben meistens nur im Ansatz anwesend. Eine der wichtigsten Zielsetzungen der Bewusstseinsschulung ist die Entwicklung des erkennenden Fühlens: mit der Anwesenheit eines Zeugen. Im archaischen Bewusstsein war das partizipierende Fühlen, ohne Zeugen, gegeben.

So wenig wie Sprache und Denken «subjektive» oder private Phänomene sind, ist es das erkennende Fühlen – im Gegensatz zu den Emotionen (so werden sie im Folgenden genannt), die ganz subjektive Erlebnisse der Seele sind. Wie das Denken überpersönlichen inneren – nie erschöpfend formulierbaren – Gesetzmäßigkeiten folgt, wie die Sprachen ihre inneren, nicht menschengeschaffenen phonologischen, grammatikalischen und syntaktischen Regeln haben, so ist das erkennende Fühlen eine Gegebenheit der Welt, der inneren und äußeren, in der eben der Dualismus, auch der von Außen und Innen, aufgehoben ist. Das «Fühlen», das die sichtbare Welt als eine Offenbarung der unsichtbaren ausstrahlt, wird durch mein Fühlen erfasst. Wie im Gespräch beim Zuhören der Rede des anderen mein Denken ausgelöscht und an seine Stelle das Denken des anderen gesetzt werden muss – sein Denken wird mein Denken –, damit ich es verstehe, so wird im (Hinaus-) Fühlen das mir entgegenkommende «Fühlen» mein Fühlen. Aus dem Grund sind die Sinnesqualitäten, als metamorphosierte Teile des Urfühlens, auch intersubjektiv; wäre es nicht so, d. h. würde wirklich ein jeder das Rot anders, als unterschiedliche Farbe wahrnehmen, was hätte es für einen Sinn, überhaupt über das Rot zu sprechen? (Ganz abgesehen von der erkenntnistheoretischen Unmöglichkeit einer solchen Ansicht). In einer Gesellschaft von lauter Farbblinden würde Farbblindheit nicht auffallen.

Mit dem Aufheben des Dualismus von Außen und Innen wird auch jener von Denken und Wahrnehmen abgeschafft: so wie ansatzweise im Lesen oder Hören eines Textes. Man «versteht» im Fühlen, ohne zu denken; man kann auch das im Fühlen Vernommene nicht durch Gedanken ausdrücken; es sei denn durch Meditationssätze oder -bilder.

Die ganze Welt offenbart sich vollständig. Das war die alte

urindische Überzeugung, die Ansicht des Urchristentums (Römerbrief 1, 20), bis zum Ende des Mittelalters – omne ens verum, alles Seiende ist wahr, d. h. ideell, zu erkennen; so sagt z. B. Thomas von Aquin: «Das Wirklichsein der Dinge ist selbst ihr Licht» (Kommentar zu Liber de causis 1, 6).

Was und wie der Mensch von dieser Offenbarung vernimmt, hängt von seiner Bewusstseinsstruktur ab. Die Offenbarung ist einheitlich, weder Wahrnehmen noch Denken, sondern unmittelbarer Sinn. Als solche hat sie ursprünglich keine sinneswahrnehmbaren Qualitäten: Sie ist rein geistig. Diese Ideenausstrahlung metamorphosiert sich je nach dem, durch welche Art Bewusstsein sie vernommen wird. Sinneswahrnehmbar wird sie für ein Bewusstsein, das einen physischen Leib als Spiegel oder bremsenden Anker (zum «Zurückbleiben») braucht. Für ein Bewusstsein, das sich einen Spiegel aus freien Lebenskräften baut, zeigt sich die Welt in imaginativer Form. Die «physische Welt» ist das Ergebnis der Begegnung der lichten Welt mit dem Bewusstsein, das durch Sinne vernimmt: Ohne diese gibt es keine Physis (vgl. Anhang III).

Die Sinnesqualitäten entstehen demnach aus dem «stummen» – durch Sinne nicht wahrnehmbaren – Fühlen. Bewirkt wird dies durch den Identifikationsprozess des Ich mit dem lebendigen Organismus *und* durch den Einfluss der menschlichen Umgebung. Die ursprüngliche fühlend-fühlbare Strahlung, das Ideen-Licht, das die Welt *ist* – nicht *ausstrahlt*, denn dann gäbe es schon etwas, das kein Strahlen ist –, wird durch die gegebenen, nicht vom Menschen erarbeiteten Sinnesorgane, durch die Spiegelung an ihnen, in die verschiedenen Sinnesqualitäten metamorphosiert. Die Gesamtheit der Sinnesorgane wirkt wie ein Prisma für das Licht; durch dieses fließt spezifisch modulierte Aufmerksamkeit der Welt entgegen. Zunächst bleibt aber die globale dumpf-träumende Erfahrung, solange das Kind durch «Belehrung» nicht «lernt», die einzelnen Sinne getrennt selektiv zu gebrauchen. Das kommt einer Einengung und zugleich Schärfung der Aufmerksamkeit gleich. Die oberen Sinne werden nur durch Belehrung wirksam, vorher sind sie wie schlummernd in den mittleren Sinnen enthalten. So der Lautsinn und Begriffsinn im Hören: solange das Kind innerhalb des Hörens nicht Laute und Worte bzw. innerhalb des Wortvernehmens keine Gedanken wahrzunehmen «gelernt» hat. Zuletzt löst sich der Gedankensinn vom Wortsinn ab.

Die «Belehrung» beginnt lange vor dem verbalen Austausch. Die erwachsene Umgebung verhält sich «verbal», d. h. sinnvoll, oder spricht innerlich mit ihrem dem Denken und Fühlen gemäßen Benehmen. Dieses wird auch ohne verbale Sprache auf das Kind übertragen durch die tiefe innere Nachahmung, durch die auch der Sinn des anfänglichen erklingenden Wortschatzes wortlos, intuitiv oder durch Anteilhaben an einem gemeinsamen Bewusstsein assimiliert wird. Die Sprechintention wird unmittelbar wahrgenommen. Das ist auch die Lösung des Paradoxons, dass die Sprach- und die Denkfähigkeit als eminente Ich-Tätigkeiten *vor* der Ausbildung des Ichbewusstseins angeeignet werden: Das «nachahmende» Prinzip ist das wahre Ich, das gewöhnlich lebenslang überbewusst bleibt.

Der Ursprung der Sinnesqualitäten im Fühlen wird durch zahlreiche linguistische Phänomene erhärtet.[18] Ebenso durch die gesundende oder krankmachende Wirkung der Farben, Töne, des Ästhetischen in der Umgebung.

Wie beim Tier und – in völlig anderer Weise – beim Kind ersichtlich, garantiert die Empfindlichkeit an sich noch keine Sinneserlebnisse *im menschlichen Sinne*. Beim Tier ist die Empfindlichkeit im Empfindungs*leib* im Großen und Ganzen wie ein Muster festgelegt. Da das durch das Empfindungsmuster selektiv, je nach Tierart, gestaltete Empfinden ohne Unterbrechung in das Handeln übergeht, spricht man beim Tier von einem Verhaltensmuster. Beim Kind wird die Rolle des Empfindungsleibes sehr bald nach der Geburt auf die Körperempfindungen und entsprechende Innenbewegungen eingeschränkt; praktisch verfügt der Mensch einige Wochen nach der Geburt kaum noch über Reflexe oder instinktive Verhaltensformen. Die sekundäre, nicht natürliche Instinktivität stammt aus dem Unterbewussten, das sich im Laufe der Jahre bildet: Das sind aber nie dem Menschen dienliche Instinkte.

Dass ein Tier «wahrnimmt», folgert man aus seinem Verhalten (z. B. dass es mit dem Schwanz wedelt). Beim Menschen ist das Wahrnehmen durchaus nicht mit einem Handeln oder Verhalten verbunden, und wenn es doch zu einem Tun kommt, so hat sich das Ich zwischen Wahrnehmen und Handeln eingeschaltet. Es kann sich auf das Handeln besinnen. Im Handeln führt das Ich die Tätigkeit durch Kräfte derselben Qualität aus wie diejenigen, die im Empfindungsleib im Zusammenhang mit einer Empfindung innerhalb des Musters dieses «Leibes» angeregt werden. Die «Beruhigung» der Sinne bedeutet, dass die Sinnesprozesse sich zum großen Teil von den Lebensprozessen ablösen und sich nicht in die Lebensprozesse hinein fortsetzen, sondern in das Ich einmünden. Das Ich verwaltet diejenigen Willenskräfte und -prozesse, die in der Instinktivität als Fortsetzung der Empfindungen funktionieren. Ist die Empfindlichkeit allein durch einen geschlossenen Empfindungsleib vertreten, dann kann das empfindende Wesen nur dem Verhaltensmuster entsprechend auf die Empfindungen *reagieren.*

Die Anwesenheit des Ich bedeutet auch die Anwesenheit freier (nicht geformter, nicht als «Leib» geschlossener) Empfindungskräfte. Diese Kräfte bilden die Empfindungsseele und sind Nachahmungs- und Wahrnehmungskräfte zugleich. Durch sie erwirbt sich das Kind das Sprechen und zugleich das Denken. Die Empfindungsseele, als Trägerin der menschlichen Sinnestätigkeiten, arbeitet mit denselben Lebens- und Empfindungskräften, aus denen der Empfindungsleib besteht, nur sind diese in der Seele *freie Kräfte.*

Menschlichen Charakter bekommen die Sinneserlebnisse dadurch, dass die Sinnessphäre begrifflich gegliedert wird, sowohl in die einzelnen Sinnesgebiete als auch innerhalb dieser einzelnen Sinnesgebiete. Über – zunächst aus der Muttersprache geschöpfte – Begrifflichkeiten kann aber nur ein Ich-Wesen verfügen. Die «Beruhigung» der Sinne, d. h. dass dem Wahrnehmen nicht unmittelbar ein Handeln folgt, ist die Folge der begrifflichen Strukturierung der Wahrnehmungswelt. Dadurch setzt sich eine Ich-Tätigkeit zwischen Wahrnehmen und Tun. Im Prinzip könnte das Ich jegliches Sinneserlebnis durch ein *Urteil* bezeichnen, qualifizieren und werten und auch das entsprechende Tun bestimmen. So geschieht es auch im Anfang der Bewusstseinsentwicklung beim Kind. Später wird diese aktuelle Ich-Tätigkeit im Wahrnehmen durch die Belehrung ersetzt: Man sieht als Erwachsener das Objekt meistens schon als solches, ohne nachweisbare Verstandestätigkeit; im Handeln geschieht oft etwas Ähnliches, indem wir in bekannten Situationen aus Belehrtheit handeln, nicht aus aktueller Entscheidung durch Besinnung. Die gegenwärtige Belehrtheit geht aber auf einstige aktuelle Ich-Tätigkeit zurück. So kann gesagt werden, dass die menschlichen Sinneserlebnisse Ich-Erlebnisse sind: der begriffliche Anteil urständet in einer Ich-Tätigkeit.

Die unteren Sinne – besonders der Lebens-, Bewegungs- und Gleichgewichtssinn – bleiben lebenslang an der Grenze des Empfindungsleibes und der Empfindungsseele. Die durch sie vermittelten «Qualitäten» werden meistens nur dann bewusst, d. h. zu Ich-Erlebnissen, wenn der Körperzustand von dem gesunden abweicht oder die Bewegung eine besondere, spät zu erlernende ist (beim Sport und bei künstlerischen oder handwerklichen Tätigkeiten). Im Gebiet der unteren Sinne zeigen sich am meisten jene Handlungen, die unmittelbar auf Empfindungen folgen, ohne die besonnene Gebärde des Ich (z. B. beim Verlieren des Gleichgewichts die ausgleichende Bewegung; vgl. Anhang V).

Sprache und Denken haben beide eine diskontinuierliche Struktur: Laute, Worte, Sätze, Absätze usw. und Begriffe, Kategorien, Sinn, Bedeutung auf der anderen Seite. Die diskontinuierliche Form der Rede ist – besonders beim Sprechen mit dem Kind – von Seiten der Erwachsenen gegeben, äußerlich und auch im nichtverbalen Verhalten. So kann das Kind die Worte einzeln wahrnehmen und sie auch samt ihrem Zusammenhang intuitiv verstehen. Der Prozess des Verstehens hat – außer dem im ersten Kapitel erwähnten Zug, dass zuerst die «Oberbegriffe» erfasst werden –

zwei Charakteristika, von denen sich im Bewusstsein des Erwachsenen nur Spuren finden. Einerseits sind die Worte stark gefühlsgesättigt, sie tragen ein Gefühlskleid, haben Geschmack, Geruch, Wärme, Farbe usw., die sie später verlieren und nur im Poetischen wiedergewinnen. Andererseits erfasst das Kind die *Urbedeutung* der Worte, d. h. jenen Sinn, der alle Anwendungen des Wortes ermöglicht, ohne selbst ausdrückbar zu sein.[19] Dem Erwachsenen bleibt die Urbedeutung überbewusst. Dementsprechend sind beim Kind auch die – zunächst völlig mit den Worten verwachsenen – Begriffe viel lebendiger, «wärmer» als beim Erwachsenen.

Nach der Trennung der einzelnen Sinnesgebiete führt die Belehrung weiter, indem die einzelnen Sinnesbereiche eine immer differenziertere Struktur erhalten. Die Verarmung der Wort-Begriffe an Fühlen und Sinn geht mit dem Zunehmen ihrer Anzahl Hand in Hand. Es entstehen immer mehr «Das»-se, die Welt der «Zehntausend Dinge». Buddha hat mit diesem Ausdruck die Mannigfaltigkeit weit unterschätzt.

4.
Der Pendelschlag der Aufmerksamkeit[20]

Das Gespräch ist das Modell aller menschlichen Beziehungen: zur Wahrnehmungswelt, zur Welt des Denkens und auch im Hinblick auf das Soziale. Im idealen Gespräch kann man deutlich zwei Bewusstseinsphasen bei den Teilnehmern unterscheiden: die des Hingegebenseins an die Rede und die Gedanken des anderen im Zuhören und die des Bei-sich-Seins beim eigenen Sich-Äußern. Man kann auch beobachten, dass in der Hingabe Mimik und Gebärden des Redenden leise mitgemacht, nachgeahmt werden.

Dieselben Pendelschläge lassen sich beim intensiven (z. B. künstlerischen) Wahrnehmungsakt und auch beim konzentrierten *intuitiven* Denken beobachten: Ein «Hineinschlafen» in die empfangende Aufmerksamkeit, ein «Zu-sich-Kommen» oder Aufwachen in der denkenden Verarbeitung des Wahrnehmens bzw. im Formulieren, Ausdrücken der Idee, die in der denkerischen Intuition aufblitzte. Allerdings ist die Hingabephase in der denkerischen Intuition meistens sehr kurz, eben blitzartig; in der Meditation ist der Mensch bestrebt, sie zu verlängern.

Im alltäglichen Wahrnehmen geht der Pendelschlag so rasch vor sich, dass man von einer Oszillation sprechen kann, und deswegen bemerkt man ihn gar nicht. Wenn man etwas Ungewöhnliches wahrnimmt, wird die Hingabe-Gebärde länger, man «staunt». Die innerliche Registrierung, Benennung, Inventarisierung des Wahrgenommenen erfolgt etwas später im Bei-sich-Sein.

Die inneren Beobachtungen beim Wahrnehmen – die Selbstbeobachtungen – zeigen ein Paradoxon. Wenn der Mensch sein Wahrnehmen bemerkt, darüber denkt oder spricht, ist neben dem

Wahrnehmen, unabhängig von ihm, das Denken tätig. Gleichzeitig kann sich der Mensch *auf sich* als das Subjekt des Wahrnehmens besinnen. Von diesem Subjekt und vom Wahrnehmen selbst hat er kein Bewusstsein, keine Kenntnis, wenn er bloß im Wahrnehmen lebt, in der Hingabe; Bewusstsein entsteht nur, wenn sich die Aufmerksamkeit vom Objekt ab- und der Tätigkeit des Wahrnehmens zuwendet. Diese ist die Aufmerksamkeit selbst, und in ihr ist das Ich tätig, ohne von sich selbst zu wissen: Es ist eins mit der Tätigkeit und mit dem Objekt, umso mehr, je intensiver die Aufmerksamkeit ist. Und doch ist das Ich anwesend, sonst könnte das Ichbewusstsein nicht von den Ergebnissen der Identifizierung des Ich mit dem Objekt wissen. Wahrnehmen, Denken, Beobachten sind stets für *jemanden.* So sehr auch der Mensch in seinem Wahrnehmen versunken ist und sich vergisst, nachträglich weiß er darüber umso mehr, je mehr er sich vergessen hat. Das sich-erinnernde Ich muss auch in der Versenkung anwesend sein, obwohl es von dieser Anwesenheit selbst keine Erfahrung hatte oder hat, sondern allein vom Ergebnis: dem Wahrgenommenen. In der Wahrnehmung ist das Ich in die Wahrnehmungswelt ausgegossen.[21] Es ist das wahre oder höhere Ich, das für das Ichbewusstsein oder Alltags-Ich überbewusst ist. Das Wahrnehmen urständet in diesem Ich, durch seine Wechselwirkung mit den «Dingen», die auf die freien Empfindungs- und Lebenskräfte übergeht.

Die Aufmerksamkeit scheint eine Brücke zu sein zwischen dem aufmerksamen Subjekt und dem Objekt der Aufmerksamkeit. Genau beobachtend bemerkt man, dass im Augenblick der intensiven Beobachtung oder Hingegebenheit der Aufmerksame sich nicht auf sich selbst besinnen kann; würde er das tun, so würde die Aufmerksamkeit vom Objekt weg zu ihm selbst als einem anderen Objekt wechseln. Das Subjekt bleibt in beiden Fällen verborgen, unauffindbar. Es ist nämlich immer dort, wo die intensive, womöglich ungeteilte Aufmerksamkeit ist. Das Subjekt wird identisch mit dem Objekt der Aufmerksamkeit. Der Aufmerksame ist von seiner Aufmerksamkeit nicht zu unterscheiden. Sobald er sich vom Objekt der Aufmerksamkeit unterscheidet, verliert er dieses – und ist so nicht mehr aufmerksam. Aufmerksam aber ist er bis zur Identität dem Objekt hingegeben. Das Maß der Identifizierung ist das Maß der Aufmerksamkeit. Das menschliche Ich existiert in seiner Tätigkeit, d. h. in der Hingabe, und hat kein statisches Sein. Es *ist* nur im Tun, in Tätigkeit, im Werden – «Das-Werden». Daraus besteht das wahre Ich: aus denkender, fühlender, wollender Aufmerksamkeit. Der Mensch als Ich-Wesen ist dort, wo seine Aufmerksamkeit ist. Ist sie bei seiner Körperempfindung, dann haftet das Ich an dieser: Dieses Haften wird in der Bibel «das Fleisch» genannt. Ist das Haften ein Dauerzustand, so geht die Autonomie, die Freiheit der Aufmerksamkeit verloren. Sie wird geteilt: vor allem zwischen dem Selbstempfinden und der Welt. Die Selbstempfindung verzweigt sich in viele verselbständigte Aufmerksamkeitsstücke, die zusammen das psychologische Unterbewusste bilden. Sie wird aber auch zwischen den unzähligen erworbenen Begriffen und Vorstellungen verteilt. Die Bewusstseinsschulung hat zunächst die primäre Aufgabe, die Autonomie und Ungeteiltheit der Aufmerksamkeit wieder herzustellen.

Der Mensch hebt sich mit seinem Alltags-Ich im Erkennen, im Ausüben seiner freien Aufmerksamkeit aus einem Organismus heraus,[22] die Identität mit Letzterem wird gelockert.

Das wahre Ich hat seine «Stätte» in der geistigen Welt, die sich in den überbewussten Teil der menschlichen Seele hinein erstreckt. Zu dem abgeschlossenen Teil der geistigen Welt, in den keine aktuelle Tätigkeit von hierarchischen Ich-Wesen hinein entfaltet wird, gehört die Ideenwelt, die sich in den Sinneswahrnehmungen am leiblichen Sinnesapparat und am zentralen Nervensystem spiegelt. So kann gesagt werden, dass das wahre Ich mit dem wahren Wesen der Wahrnehmungswelt verwoben ist (vgl. Anhang VI).

Das ist für das Alltagsbewusstsein eine der schwierigsten Vorstellungen. Unter «Wahrnehmungswelt» ist nicht das zu verstehen, was das Alltagsbewusstsein als solches erfährt; denn diese Bilderwelt ist schon ein Ergebnis, eine leibliche Spiegelung der Erfahrungen des

Ich in jener für das gewöhnliche Bewusstsein transzendenten Welt, der Ideenwelt; es ist die «Gesetzmäßigkeit der Dinge» (vgl. Anhang VI), mit der das Ich des Menschen verwoben ist, in der es ständig lebt.

Es ist dieselbe Welt, in die das Alltags-Ich auch im Schlaf aufgenommen wird, eine kosmische Gedankenwelt, die für die intuitive Stufe des höheren Erkennens zugänglich ist (vgl. Anhang VII).

Das wahre Ich lebt in jedem Wahrnehmungsakt in überbewussten Intuitionen. In diesem Sinne ist die Sinneswelt die geschaffene, fertige geistige Welt. Der Sinnesteppich ist aus Gedanken – höheren, «über-logischen» Gedanken (vgl. Anhang VII), aus Ideen gewoben (vgl. Anhang VIII).

Aus dem Tatbestand, dass das Ich auch im Wachzustand in einer Ideenwelt eingewoben lebt, ergibt sich die Lösung der schwierigen erkenntnistheoretischen Frage der Wahrnehmung bzw. des Erkennens der Wahrnehmungswelt. Einerseits ist keine «Grenze» zwischen Außen- und Innenwelt vorzustellen, da das Ich auf beiden Seiten der vermeintlichen Trennlinie zwischen Bewusstsein und Außenwelt wohnhaft ist; andererseits ist das in das Bewusstsein Hereintretende ideenhaft, worthaft, d. h. Konstellation oder Konfiguration, «Form» im aristotelischen Sinne. Das wird von Steiner mit der Gegenüberstellung von Inhalt und Trägerstoff eines Telegramms[23] oder von Petschaft und Siegellack verglichen:[24] «Man nehme Siegellack und drücke darin mit einem Petschaft einen Namen ab. Der Name ist mit allem, worauf es bei ihm ankommt, von dem Petschaft in den Siegellack übergegangen. Was nicht aus dem Petschaft in den Siegellack hinüberwandern kann, ist das Metall des Petschafts. Man setze statt Siegellack das Seelenleben des Menschen, und statt Petschaft das Transzendente. Es wird dann sofort ersichtlich, dass man von einer Unmöglichkeit des Herüberwanderns des Transzendenten in die Vorstellung nur sprechen kann, wenn man sich den objektiven Inhalt des Transzendenten nicht spirituell denkt, was dann in Analogie mit dem vollkommen in den Siegellack herübergenommenen Namen zu denken wäre ... In dem Falle, dass das Transzendente ein spirituelles ist, ist der Gedanke eines Aufnehmens desselben von der Vorstellung absolut möglich.» Das Wahrnehmen beginnt mit der Tätigkeit des wahren Ich; dieses wird auf die freien Empfindungskräfte und freien Lebenskräfte übertragen.[25]

Die Grenze des Ich zur Welt ist nur für Ideelles durchlässig, nur solches tritt in das Bewusstsein, gespiegelt durch den physischen Leib. Es ist aber auch gar nichts anderes in der «Außenwelt» vorhanden. Was für das Alltagsbewusstsein im Wahrnehmungsinhalt ein Nichtbegriffliches zu sein scheint, ist die nach unten metamorphosierte Form der übergroßen und überhellen – «überlogischen» – Ideen. Wie eine mir nicht geläufige Sprache keine Ideen, nicht einmal Worte mitteilt, sondern nur Tonfolge oder Geräusch für mein Wahrnehmen ist; wie die Sonne oder eine andere übergroße Helligkeit nicht mehr leuchtendes und beleuchtendes Licht, sondern schmerzhafte Empfindung für das Auge ist, so werden die Ideen zu einem Empfinden. Dieses bewirkt die unmittelbare Überzeugung: Das Wahrgenommene *ist*, ist Wirklichkeit.[26]

Die Wahrnehmungswelt steht mit dem Wahrnehmenden in einer dreifachen Beziehung. Bekannt ist die physische Einwirkung auf die Sinnesorgane. Weniger bekannt ist die Tatsache, dass das in der Wahrnehmung Gegebene durch die Begrifflichkeiten, die dem Bewusstsein jeweils zur Verfügung stehen, gegliedert wird.[27] Am wenigsten bewusst ist dem heutigen Menschen die geistige Verbindung durch das wahre Ich, obwohl das Wahrnehmen darin seinen Ursprung hat. Das gewöhnliche Wahrnehmungsbild ist Ergebnis eines geistigen Verhältnisses (vgl. Anhang IX).

Wahrnehmung entsteht dort, wo die dem Menschen jeweils möglichen Gedanken sich mit den kosmischen, weltschöpferischen Ideen berühren, die der Mensch nicht mehr denken kann. Soweit die Denkfähigkeit des Menschen, seine Fähigkeit zur Ideenbildung reicht, *liest* er das Wahrnehmungstableau, d. h. er weiß, was er sieht. Was darüber hinaus liegt, was aus der *wahren* Wahrnehmungswelt, aus der *wahren* Natur («omne ens verum») ihm entgegenstrahlt und was er nicht mehr fähig ist, durch entsprechende Begrifflichkeiten entgegenzunehmen, das verwandelt sich in das Wahrnehmungsbild, wie der Mensch es gewohnt ist. Es ist seine ideenbildende Fähigkeit, die «Belehrtheit» (im Sinne von Fähigkeiten) seiner Aufmerksamkeit, wodurch die Ebene dieser Metamorphose bestimmt wird (vgl. Anhang X).

Was an der Wahrnehmung nicht ideell zu sein scheint, das höhere Ideenhafte, das ist das nicht mehr ausdenkbare Wahrnehmliche, wie z.B. die Sinnesqualitäten. Dass sie «sprechend» sind, empfinden wir. Wir können sie jedoch zunächst nicht «verstehen», d. h. keine adäquaten Begriffe bilden – es sei denn in der Kunst, in der sie als fühlend-fühlbare Ideen im Wahrnehmen vernommen werden, als musikalische oder malerische Ideen. Wenn man im Hinblick auf das Wahrnehmen von «Empfindung» spricht, so wird das im Fühlen spürbare Ideelle in der Wahrnehmungswelt angedeutet. Hinter diesem verbirgt sich das ursprüngliche Willenselement, das Fühlen und Denken noch in sich enthält: Das eigentliche Intuitionselement.[28] Damit hängt zusammen, dass die Ausbildung des Wahrnehmens zum erkennenden Willen als das Erlangen der Geistesmensch-Stufe geschildert wird.[29]

Die zwei Arten der Aufmerksamkeit – die intentionale und die empfangende – können nun als die Wechselwirkung der zwei Ich-Wesenheiten, des wahren («transzendenten») und des Alltags-Ich (des «immanenten») verstanden werden. Die *intentionale Aufmerksamkeit* ist das Gerichtetsein auf etwas, das begriffsartig umrissen ist; womit das überbewusste (wahre) Ich sich jeweils identifiziert. Die augenblicklich bewusste *empfangende* Aufmerksamkeit kommt zustande (z.B. als gedankliche Intuition), wenn der Abgrund zwischen den zwei Ich-Wesenheiten überbrückt wird. Dauernd wird diese Überbrückung in der Meditation. Der Abgrund zwischen den zwei Formen des Ich (dem wahren und dem gespiegelten) ist derselbe, der den freien (erkennenden) Teil des ätherischen von dem physischen Leib trennt.[30] In der empfangenden Aufmerksamkeit werden die zwei Ich-Wesenheiten vereint. Im *neuen* Verstehen blitzt jeweils das Einswerden bzw. die ursprüngliche Einheit der Ich-Wesenheiten auf: zugleich das Einswerden mit dem «Erkannten» – Intuition als «Das-Werden», Identität auf bewusste Weise. Das wahre Ich als höheres Ich reicht bis zur Ebene des Imaginativen hinunter, auf der der Mensch als Geistselbst erwachen kann und auf der er sich, ohne die Wörter einer Sprache und ohne sich dabei auf das Gehirn zu stützen, artikulieren und die Welt der fließenden Zusammenhänge gliedern kann.

Die Aufmerksamkeit ist – sowohl wenn sie intentional auf etwas gerichtet ist, als auch wenn sie als empfangende eine Idee aufnimmt – wie das Wort oder die Idee reine *Konfigurierbarkeit.* Die Aufmerksamkeit kann jede Konstellation annehmen; sie kann sich auf jedes «Etwas» richten und es in sich aufnehmen. Handelt es sich um die Konstellation einer Erscheinung (in der Wahrnehmungswelt), so wird die Aufmerksamkeit mit dem «Bild» der Sache, mit dem Vorstellungsbild identisch, und es entsteht eine *Kenntnis.* Handelt es sich um die Konstellation der *Idee* einer Sache, so nimmt die Aufmerksamkeit die Form (oder Konfiguration) der Idee an. In diesem Fall wird die Sache für den Erkennenden, für seine Aufmerksamkeit durchsichtig. Diese wird *verstehend,* und es kommt eine *Erkenntnis* zustande. Was in einer Idee oder in einem Wort geformt ist, darüber verfügt der menschliche Geist in einem nicht-geformten, freien und konfigurierbaren Zustand: im Zustand der Aufmerksamkeit. Deren Substanz – die Substanz des Ich – ist dieselbe wie die der Ideen.

Im Wahrnehmen tritt die Aufmerksamkeit, durch die Sinne geformt, d. h. selektiv geworden, in die Richtung der Sinneswelt hinaus: Das Alltags-Ich bewegt sich zum wahren Ich hin, das mit der Außenwelt, mit der außermenschlichen Ideenwelt identisch ist. Wahrnehmen besteht aus Leiden und Taten des Ich (Leiden, insofern es stets im «Das-Werden» besteht).

5.
Wahrnehmen, Nachahmen, Hervorbringen

Der Mensch ist normalerweise imstande, einen Ton, einen nie gehörten Laut, eine Bewegungsform der Hände oder Arme, die er wahrnimmt, auf Anhieb zu reproduzieren – bei einem Laut einer Fremdsprache nicht genau, aber ungefähr. So natürlich diese Fähigkeit durch die Angewöhnung scheinen mag, so ist sie doch, wenn man über sie nachsinnt, rätselhaft; denn die Verbindung zwischen dem Vernehmen und dem Reproduzieren ist nicht klar, sie entzieht sich der gewöhnlichen Erfahrung. Man vernimmt einen Ton oder Laut durch das Gehör bzw. den Lautsinn, produziert sie aber mit der Kehle, den Sprachorganen. Das Problem tritt in verschärfter Form beim Spracherwerb des Kindes auf, wo man sich weder auf Gewohnheit noch auf Übung berufen kann. Beim Nachahmen werden auch nicht die Wirkungsweisen der Sprachorgane beobachtet (abgesehen vom Unterricht von Taubstummen vielleicht) – auf diese Weise würde man sich kaum das Reproduzieren aneignen.

Es handelt sich dabei um spezifisch menschliche Fähigkeiten; man ziehe in Betracht, dass diese Nachahmungen nicht instinktiv, sondern «verstehend» vor sich gehen, wie z. B. beim Spracherwerb. Am Beispiel des Nachahmens eines Lautes kann die Frage folgende Form annehmen: Woher wissen die Sprachorgane, was zu tun ist, um das durch Gehör und Lautsinn Vernommene zu reproduzieren?

Aus dem Vorangehenden sollte deutlich geworden sein, dass das nachahmende Prinzip das wahre (höhere) Ich ist. Mit seinem Identisch-Werden (abgestuft je nach dem Objekt des Wahrnehmens) beginnt das Wahrnehmen. Das ist eine Erfahrung eines höheren Erkennens, kann aber durch einfache Beobachtung und Besinnung erhärtet werden. Die eine Beobachtung ist, dass man in Konzentration auf einen Gedanken auch bei offenen Augen und Ohren nichts vernimmt. Dabei gehen die physikalisch-chemisch-physiologischen Prozesse im Sinnesorgan und anschließend im Nervensystem ebenso vor sich wie beim bewussten Wahrnehmen (oder man muss annehmen, dass das Gerichtetsein der Aufmerksamkeit die Prozesse im Organismus beeinflussen kann). Ohne die Hingabe des Ich kommt keine Wahrnehmung zustande. Zweitens geht es bei den erwähnten Beispielen um die Reproduktion von spezifisch menschlichen «Produktionen», wie es auch die geformte Handbewegung ist, die, um reproduziert werden zu können, als ein selektiv von den anderen Körperteilen, der Umgebung, dem Hintergrund abgehobenes «Das» wahrgenommen werden muss. Zu dieser Leistung ist allein ein von Anfang an für das Worthafte empfindliches, da mit der worthaften Aufmerksamkeit identisches («daraus» bestehendes) Ich-Wesen fähig.[31] Es ist von einem «verstehenden», d. h. ichhaften Nachahmen oder einer Identität die Rede. Weil das Nachahmende das wahre Ich ist, bleiben die spezifisch menschlichen Fähigkeiten (Sprechen, Denken, willentliche Bewegung) in ihrem Wie gewöhnlich überbewusst. Es ist aber bekannt, dass die «Nachahmung» während des Wahrnehmens in einigen Fällen bis in den physischen Körper hinein wirkt. Beim Vernehmen eines bestimmten Tones (Gesang) stellen sich die Stimmbänder schon während des Hörens entsprechend ein; beim Anhören einer heiseren Stimme räuspert sich die ganze Zuhörerschaft; das Gähnen ist sprichwörtlich ansteckend; das gegenseitige «Mitmachen» des anderen im Gespräch wurde schon erwähnt. Im Allgemeinen aber erfolgt das Nachahmen nicht spontan bis zum physischen Leib; wohl aber geht es abgestuft in den freien Lebens- und Empfindungskräften vor sich, sodass sie sich beim Wahrnehmen potentiell entsprechend konfigurieren und damit das Produzieren des Wahrgenommenen gleichsam vorbereiten.

Ähnliches spielt sich beim Vorstellen oder bei der Intention einer Bewegung ab, sei es die der Sprachorgane oder eines anderen Körperteiles. Wäre der «Anker», das Bremsen des geformten Organismus nicht da, es käme bei jeder Wahrnehmung, jedem Vorstellen zur Ausführung derselben. Die Ausführung hängt aber vom Willen des Ich ab. Jedenfalls muss es eine Vermittlung vom intendierenden oder wahrnehmenden Ich bis zur körperlichen Bewegung geben: Das sind die freien Kräfte. Nie würde der Mensch aus dem bloßen Hören eines Lautes auch zum Produzieren desselben kommen, wenn nicht die intuitive Nachahmung beim Hören überbewusst bis zum Bewegungsbild der Sprachorgane gelangen würde.

So kann das Wahrnehmen als ein abgeschwächtes («beruhigtes») Hervorbringen oder Nachahmen aufgefasst werden: Es geht gewöhnlich bis an die Grenze des Physischen. Wie das beim Vernehmen des fremden Denkens geschieht, wurde schon erwähnt (Kap. 3.). Man könnte sagen, in diesem Wahrnehmen nimmt der Mensch die Eigenbewegung seines Denkens als das Denken des anderen wahr. Dieses Modell ist auch für andere Sinneswahrnehmungen gültig. Was der Mensch wahrnimmt, ist die nachahmende Bewegung seiner feineren Wesensglieder, die vom Ich ausgeht und durch die einzelnen Sinne, gemäß dem spezifischen Widerstand der spiegelnden Wesensglieder, zu den bekannten Sinnesqualitäten wird.

Man kann diese Prozesse am Beispiel des Bewegungssinnes gut verstehen. Der Eigenbewegungssinn dient zur (wahrnehmenden) Lenkung der beweglichen Teile des Organismus. So wissen wir ohne Hinschauen was für eine Bewegungsform wir mit unseren Fingern oder Händen beschreiben. Der Sinn nimmt also nicht die sinnliche Erscheinungsform einer körperlichen Bewegung wahr, sondern das Geschehen in den feineren Wesensgliedern. Indirekt dient der Bewegungssinn zum Wahrnehmen räumlicher oder flacher Formen, durch Vermittlung des Seh- oder Tastsinnes.[32] Ähnlich wie das überbewusste Können eine vorgestellte oder dem Sehsinn vorgegebene Bewegungsfigur mit Hilfe des Eigenbewegungssinnes in eigene Bewegung umsetzen kann, geht überbewusst die nachahmende Bewegung im Ich-Organismus, in den freien Kräften vor sich und wird durch die Spiegelung herabgelähmt, abgedämpft, aus der Position des «verankerten» – nicht mitmachenden – Alltags-Ich wahrgenommen. Man kann die Sinneswahrnehmung auch als ein durch das «Abbremsen» auf ein homöopathisches Maß reduziertes Sich-Verwandeln auffassen; das Sich-in-Das-Verwandeln ist die Art und Weise des Erkennens in der elementarischen Welt[33] (vgl. Anhang XI).

6.
Über die Sinne und ihre Belehrung

Das Fühlen kann zunächst als der einheitliche Ursinn aufgefasst werden; man kann ihn auch im fühlenden Wollen oder wollenden Fühlen sehen, wobei es sich dabei um einen umgekehrten Willen handelt. Dieser kann auch «empfangende Aufmerksamkeit» genannt werden im Gegensatz zu der intentionalen, auf etwas Vorgegebenes gerichteten Aufmerksamkeit.[34] Der Ursinn ist in der höheren Natur des Menschen verankert. Durch die Kultur und den Einfluss der menschlichen Umgebung wird er auf die einzelnen Sinnesorgane aufgeteilt; aber am Anfang dieses Prozesses fließt noch ein Teil dieses Ursinnes im Fühlen durch die Sinneswahrnehmungen hindurch. In dieser Phase der Bewusstseinsentwicklung sind die ursprünglichen Namen der Naturdinge noch durchfühlt, sie sind keine bloßen Bezeichnungen. Der Mensch erfährt noch «Sinn», «Bedeutung» durch das fühlende Wahrnehmen. Später gehen die Naturnamen des Sinnes verlustig, das Wahrnehmen verliert den Rest seines verstehenden Charakters. Von da ab muss das Ideelle den Wahrnehmungen von der anderen Seite der Erkenntnistätigkeit, die sich unterdessen verselbständigt hat, von der denkerischen Intuition aus hinzugefügt werden. Die Qualität des Wahrnehmens hängt nun von der Qualität der ergänzenden Begrifflichkeiten ab. Sind die Begriffe dem gespiegelten, gehirngebundenen Denken entsprechend, so werden die Wahrnehmungen gleichmäßig auf die Ebene der Sinneserscheinung herabgelähmt, sie werden nicht «gelesen», weder fühlend noch denkend: Wir haben *unsere* alltägliche Sinneswelt.[35] Die toten Begriffe halten die Bewegung (Mitbewegung) der Aufmerksamkeit im Wahrnehmen auf, bringen sie zum Stillstand. Das geschieht an dem Pol des

Pendelschlages der Aufmerksamkeit, wo das Bewusstsein die Begrifflichkeit oder die Bezeichnung für das Wahrgenommene findet: im Bei-sich-Sein. Die Naturwissenschaft beschreibt und berechnet die Natur; das Verstehen ist nicht ihre Aufgabe, und sie ist dazu auch nicht geeignet. Denn ihre Begriffe sind abstrakt, nicht sprachgegeben, d. h. sie waren nie von anderer (erkennender) Qualität; sie sind durch das sprachunabhängige abstrakte Denken gefunden. Sie ergreifen die Außenseite der Natur, daher können sie Ersatzbegriffe genannt werden. Allein in der Kunst kann der Mensch heute ein fühlendes und zugleich verstehendes Wahrnehmen erleben. Er bleibt in dieser Art Wahrnehmung länger oder andauernd (in der Musik) am Hingabe-Pol des Pendelschlages.

So ist das Wahrnehmen heute auf die Interpretation durch das Denken angewiesen. Das Wahrnehmliche ist gerade das, was nicht verstehend gedacht werden kann: die hohe Ideenhaftigkeit der Naturschöpfung.

Das Sinneswahrnehmen hat einst in sich getragen, was später das Denken geworden ist.

Im Denken kann die Aufmerksamkeit sich selbst begegnen: kann zum Selbstbewusstsein werden.

Die Grenzen des Denkens sind jeweils die Grenzen des Wahrnehmens – von der anderen Seite her gesehen.

Seine Grenzen bewusst erweiternd kann das «Denken» – ein höheres, sogar fühlendes «Denken» – das Wahrnehmen in sich aufnehmen.

Deshalb kann die wahrnehmende Aufmerksamkeit belehrt und auch wiederbelehrt werden.

Aus dem Vorangehenden kann deutlich werden, dass die erste Art des «Das» gefühlsartig, nicht begriffsartig ist. Der Übergang ist fließend. Das Endstadium ist das begriffliche Etwas, ohne Gefühlseinschlag. Das bezieht sich auf den heutigen Stand des Sinnessystems, denn es war ja andauernd Veränderungen unterworfen und kann sich auch durch bewusstes menschliches Eingreifen weiter verändern.

Die Begrifflichkeit des heutigen «Das» rührt vom intuitiven Denken her, die meisten Begriffe stammen aus dem Kindesalter. Die Fähigkeit, das Worthafte oder Ideelle aufzufassen, ist dem Ich eigen, da es, wie gezeigt, die worthaft-ideenhaft konfigurierbare Aufmerksamkeit selbst ist. Die Aufmerksamkeit blüht beim Kind erst als die Fähigkeit auf, das Worthaft-Ideenhaft-Ichhafte global als Qualität wahrzunehmen, «wahrzufühlen»; später differenziert sie sich in den Laut-(Wort-), Begriffs-(Gedanken-) und Du-Sinn.[36] Diese drei «oberen» Sinne erfassen das spezifisch menschliche Sich-Äußern. Sie zeigen mehrere charakteristische Züge.

Erstens sind sie keine unmittelbar wahrnehmenden Sinne, sondern erhalten ihren «Empfindungsstoff» durch andere Sinne, z. B. durch das Sehen oder Hören.

Zweitens werden aus diesem «Rohstoff» selektiv jene Zeichen ausgelesen, für die die oberen Sinne zuständig sind. So wird beim Hören einer Rede von der Tonhöhe, besonderen Farbe der Stimme usw. abgesehen, und der Lautsinn fasst, unabhängig von diesen Eigenschaften des Gehörten, die «Form» (die akustische Besonderheit) der Laute auf. Diese Form bildet den Rohstoff für den Gedankensinn, der nun von den Lauten und Worten «absieht» und auf den *Sinn* eines Satzes gerichtet ist. Der Du-Sinn verzichtet auf den Gedankeninhalt des Gesagten und ist durch diesen und andere sinneswahrnehmbare Zeichen (Geste, Mimik, Blick usw.) auf das sprechende Ich-Wesen selbst gerichtet.

Drittens wird die beschriebene Selektivität der Aufmerksamkeit, das Auslesen, durch eine zusammenlesende Aktivität ergänzt. Der Lautsinn «liest» die «Formen» der Laute und die Laute selbst zu Worten zusammen; der Gedankensinn liest die Worte zum Sinn des Satzes oder auch mehrere Sätze zu einem übergreifenden Sinn zusammen; ähnlich verfährt der Du-Sinn mit den von ihm ausgelesenen Zeichen.

Viertens: Die Aktivität dieser Sinne wird durch wiederholtes Ausüben zur streng genommenen Sinnesaktivität, insofern durch sie «eine Erkenntnis zustande kommt ohne Mitwirkung des Verstandes, des Gedächtnisses usw.», also ohne aktuelle absichtliche Bewusstseinstätigkeit, sodass das Ich-Erlebnis «ein Einfaches Unmittelbares» ist, «vor allem [aktuellen] Urteilen eine Empfindung darstellt».[37] Ist die «Empfindung» ein Ich-Erlebnis, dann ist sie schon in ihrem Entstehen «benannt», d. i. begrifflich erfasst. Selbstverständlich ist das eine späte Entwicklungsphase des Bewusstseins; beim Kind erfolgt am Anfang die Wahrnehmung keineswegs ohne aktuelle Verstandestätigkeit und ebenso wenig beim Erwachsenen, wenn ihm etwas Neues begegnet. Das Zusammenlesen der Laute, Worte zum Gedanken usw. geht «einfach», ohne nachzudenken vor sich, wenn es um bekannte Laute, Wörter, Gedanken geht. Diese wurden schon in die Sinnesorgane eingebaut. Anlässlich neuer Laute, Worte, Gedanken ist das Bewusstsein zur aktuellen Tätigkeit aufgerufen und gezwungen, sofern es verstehen will (z. B. beim Zuhören in einer nicht gut bekannten Fremdsprache).

Fünftens durchdringt die Belehrung im Hinblick auf die Begrifflichkeiten und Vorstellungen bzw. Benennungen auch die Bereiche der anderen Sinne. Der Erwachsene sieht, hört, tastet usw. begrifflich: Er denkt nicht aktuell nach («Was könnte das sein?»), wenn er Bekanntes wahrnimmt.[38] Das Wiedererkennen bekannter Dinge geschieht anhand der funktionellen Begriffe, falls es sich um menschengeschaffene Dinge, also um solche handelt, deren Begriffe uns geläufig sind, das heißt, die wir verstehen. So erkennt das Kind alle Tische als solche, unabhängig von Form, Größe, Stofflichkeit und sonstiger Beschaffenheit; würde es nach dem einen oder anderen Vorstellungsbild wiedererkennen wollen, so würde es sich oft irren. Verfügen wir über kein Verstehen, d. h. keinen Begriff für die Dinge, wie es im Hinblick auf die Naturdinge der Fall ist, so geht das Wiedererkennen durch das Vorstellungsbild vor sich: wir «vergleichen» die äußeren Merkmale mit denen des Erinnerungsbildes.[39] Handelt es sich um wohlbekannte Gegenstände, so ist ihr Begriff bzw. Vorstellungsbild durch die Belehrung der Sinne als selektives Kennzeichen schon im Wahrnehmen wirksam: Wir «probieren» nicht die in uns «gespeicherten» Begriffe oder Vorstellungen, ob sie auf das Wahrgenommene passen, sondern nehmen schon in diesen wahr. «Probieren» würde in solchem Fall ein Computer, der Mensch tut das nur im Zweifelsfall. Auch kann niemand sich Rechenschaft geben über die «erfolglosen» Versuche, es müsste dann eine nichtbewusste Verstandestätigkeit sein, was ein Widerspruch in sich ist. Noch auffälliger ist es, kein «Probieren» beim Wiedererkennen eines wohlbekannten Menschen zu erfahren. Es ist aufschlussreich, den entgegengesetzten Fall zu betrachten. Auf die Frage «Kennen Sie Herrn Zwaslinsky?» werden alle, die diesen Namen nicht kennen, ohne Zögern mit «nein» antworten, ohne alle ihnen bekannten Namen durchzugehen, was ein Computer allerdings tun müsste.[40]

Das Bild des «Probierens» der Begriffe beim Wiedererkennen ist prinzipiell aus dem gleichen Grund unhaltbar wie das Modell der «gespeicherten Bilder» in Bezug auf das Erinnern. Denn auf die Frage «Woher weiß ich, dass *dieser* Begriff der entsprechende ist?», könnte die Antwort nur ein Rekurs auf eine Intuition sein. Beim Wiedererkennen handelt es sich um keine für den Wiedererkennenden neuen Intuitionen; die einmal erfassten werden «Wiedererkennen» oder «Erinnerung» genannt.

Den Sinnen wird die Wahrnehmung nach dem Maß ihrer Belehrtheit gegeben; besonders auffällig ist das beim Erleben der Künste zu erfahren. Die Kunstpädagogik besteht zum Teil in der Ausbildung einer immer differenzierteren Wahrnehmungsfähigkeit auf dem entsprechenden Gebiet.

Das sechste Charakteristikum der oberen Sinne besteht darin, dass sie wie der Lautsinn[41] *zeitliche* Formen wahrnehmen, oder, diese als Rohstoff nehmend, weiter verarbeiten: Laute zu Gedanken, Tonfolgen zu Musik usw. Darin zeigt sich ihre «lesende» Tätigkeit: Sie bereiten aus dem zeitlichen Phänomen einen zeitlosen Sinn (auch der Du-Sinn im Erkennen eines Ich-Wesens).

Die oberen Sinne sind alle «erzogen», Ergebnisse der menschlichen Einflüsse auf das Kind, somit die «allermenschlichsten» Sinne, durch deren Auswirkung auch die anderen Sinne auf menschliche Weise tätig werden; das heißt, dass das Menschenwesen auf Töne, Farben, Gerüche usw. nicht einfach «reagiert», sondern dass das Wahrnehmen als ein Ich-Erlebnis vernommen wird[42], zu einem Urteil im Ich wird. Durch die «Belehrung» wird das Urteil in die Sinnestätigkeit eingebaut. Die oberen Sinne machen – durch das alle Sinne zusammenfassende Ich – die übrigen Sinne für das Worthafte aufnahmefähig. Das Ich-Wesen prägt dem Organismus durch die freien Kräfte das Signum des Geistes auf: Es belehrt durch die freien Kräfte die oberen und durch diese die weiteren Sinne. Dem entspricht die Beschaffenheit der Sinnesorgane: In ihnen tritt das Biologische und die Selbstempfindung zugunsten der Ich-gesteuerten freien Lebens- und Empfindungskräfte zurück. Durch die freien Kräfte, die selber keiner Gestaltung unterliegen, sind die Sinne befähigt, dem Menschen im Wahrnehmen beliebiger Wahrnehmungsgegebenheiten zu dienen: Sie können mit dem Ich ungehindert in die Welterscheinungen eintauchen.

Wenn wir allein das moderne Alltagsbewusstsein betrachten, dann sind die oberen Sinne zweifellos die wachesten, bewusstesten; man kann in ihrem Bereich wenig träumen oder fühlen. Auf die Leistung dieser Sinne kann wohl in kaum einer Sprache der Ausdruck «fühlen» angewendet werden. Das wird aber mehr oder weniger, je nach Sprache, in Bezug auf die weiteren Sinne möglich: Hören, Sehen, Schmecken, Riechen, Wärmesinne, Tasten und auch auf die restlichen unteren Sinne, Gleichgewichts-, Eigenbewegungs- und Lebenssinn.

Unter den Sinnen spielt der Eigenbewegungssinn eine besondere Rolle, und zwar wegen seiner kaum bemerkbaren passiven Wirksamkeit. Die oberen und unteren Sinne (in dieser Hinsicht gehört das Hören zu der ersten Gruppe) haben nämlich eine aktive und eine passive Tätigkeit.[43] Die oberen lenken bei der Hervorbringung der ihnen entsprechenden Qualität die menschliche Tätigkeit (z. B. beim Sprechen); die unteren lenken das Erreichen des gewünschten Körperzustandes (z. B. des Gleichgewichtes). Beim Eigenbewegungssinn überragt die aktive Rolle; die vernehmende ist im Wahrnehmen räumlicher oder flacher Formen zu finden (das Sehen allein ist bloß für die Farbenwahrnehmung zuständig). Die Tätigkeit der oberen Sinne im Vernehmen und in der Hervorbringung hängt immer mit zeitlichen oder räumlichen Formen zusammen. Die zwei Sinne, die für die Formtätigkeiten den «Rohstoff» liefern, sind das Sehen und das Hören (das Tasten nur in Zusammenwirken mit dem Bewegungssinn, im übrigen ist das Tasterleben punktuell).

Für das Erkennen der Welt liefern die weiteren Sinne (außer Sehen und Hören) keinen Stoff für Formen, sondern «formlose» Qualitäten wie Wärme, Geschmack, Geruch, Fühlen des Gleichgewichtszustandes und Lebenszustandes. Genauer ausgedrückt: Diese Sinne liefern keine zeitlichen und räumlichen Formen. In einem höheren Sinn als dem räumlich-zeitlichen aber ist jede dieser Qualitäten auch *Form*, nämlich höhere Form oder Ideenhaftigkeit. Man kann auch sagen: im Bereich des Ätherischen sind Wärmeformen, Farbformen (nicht räumlich gemeint) usw. zu finden. Die physischen Qualitäten (Wärme, Geruch, Farbe usw.) haben ihre höhere Form eingebüßt, sind als solche zerbrochen.[44] In der Kunst beginnt der Mensch die «Formen» dem Ton, der Farbe, der Tastqualität räumlich-zeitlich hinzuzufügen.

So sind eigentlich Wärme, Geschmack, Geruch, Ton, Tastqualität die höheren «Ideen» im Vergleich mit den Qualitäten der oberen Sinne (vom Du-Sinn abgesehen, der wegen der Entwicklungsmöglichkeit des Ich eine ganz andersartige Tätigkeit ausübt). Dementsprechend haben wir nach unten gehend immer weniger und immer undifferenziertere Begriffe oder Benennungen für die Qualitäten. Wir haben etwa sechs bis sieben Begriffe und Namen (manche Sprachen weniger) für Farben; für den Geschmackssinn etwa drei, für den Geruchs- und den Wärmesinn überhaupt keine eigene Benennungen («salzig» oder «Rosenduft» sind abgeleitet, als würden wir anstatt «gelb» «sonnenblumenfarbig» sagen).

Die mittleren Sinne verwandeln die geschaffene Welt höherer Ideen in die uns bekannten Sinnesqualitäten. In den oberen Sinnesbereichen wird versucht, diese Sinnesqualitäten zu einer gegliederten Sinneswelt zusammenzulesen. Die unteren Sinne vermitteln die Zustände des Organismus, strahlen aber in die Seele hohe Gefühle hinauf.[45] Das kann in einer späteren Phase der Wahrnehmungsschulung aufgegriffen werden.

7. Die Gestaltung der Wahrnehmungsübungen

«Der Mensch sieht nur das klar in der Außenwelt, was er mit dem Lichte seines Innern bestrahlen kann.»[46]

Alle Übungen auf dem Wege zu einem gesteigerten Erkennen sind Aufmerksamkeitsübungen und zielen auf ein Verstehen.[47] Im Alltagsleben ist immer nur ein kleiner Teil der Aufmerksamkeit angewendet; in den Übungen wird die größte Konzentration der intentionalen Aufmerksamkeit angestrebt, damit die Hingabe bewahrt bleibt, wenn man durch das Fallenlassen des vorläufigen Objektes zur empfangenden Gebärde übergeht. Es ist schwierig, die *ganze denkende* Aufmerksamkeit auf einen indifferenten Gegenstand zu richten, und der Übende kann bald empfinden, wie weit ihm das gelingt bzw. nicht gelingt. Es ist auch wahrzunehmen, wann die Aufmerksamkeit eine bestimmte Intensität erreicht; dann empfindet das Bewusstsein ungewöhnliche Wachheit, ein Gesundungsgefühl, als ob ein natürlicherer Zustand wiederhergestellt wäre. Das ist der Anfang der Freude, ohne die auf die Dauer kein Üben fruchtbar sein kann. Wenn auch das ganze Denkvermögen auf das Thema konzentriert ist, kann man noch immer spüren, dass das Gefühlsleben daran unbeteiligt ist. Das ist eine weitere Stufe des Konzentriertseins, die man mit Absicht nicht erreichen kann, denn das Fühlen kann nicht vom Alltagswillen gewollt werden. Aber es tritt mit der Zeit bei intensiver Denkkonzentration und besonders bei der Wahrnehmungskonzentration spontan auf.

Durch die Konzentrationsübungen werden sonst zerstreute «Stücke» des Ich zusammengeführt, und deshalb erlebt man mehr und mehr die Anwesenheit des wahren Ich. Zugleich empfindet man sich aus dem Organismus, aus dem Gewohnheitskomplex, in dem man üblicherweise lebt, herausgehoben, was dem Annähern des Selbstbewusstseins an das wahre Ich gleichkommt.

Außer der Nichtkonzentriertheit hat das alltägliche Bewusstseinsleben drei Charakterzüge, die im Interesse einer tieferen Erkenntnis zu überwinden sind. Der eine ist, dass im Bewusstsein das Denken und die Emotionen stark vermischt sind, wodurch die Letzteren die Klarheit und Wachheit des Bewusstseinslebens beeinträchtigen. Zweitens oszilliert die Aufmerksamkeit im «Pendelschlag» zwischen kurzer Hingabe und Bei-sich-Sein,[48] wodurch auch in dieser Hinsicht eine unerwünschte Vermischung stattfindet. Die Oszillation im Denken geht zwischen der aufblitzenden Intuition und dem «Formulieren», im Wahrnehmen zwischen der Hingabe an das Wahrnehmungsobjekt und der «Inventarisierung» oder Registrierung vor sich. Drittens sind die beiden für das moderne Bewusstsein getrennten Quellen, Denken und Wahrnehmen, auch vermischt und wechseln auch oszillierend: Im Denken erscheint das «Wahrnehmen» in der Form der Vorstellungs-(Erinnerungs-)bilder, in das Wahrnehmen spielt das Denken eben in der Geste der Inventaraufnahme hinein. Ist das Konzentrieren der Aufmerksamkeit die erste und wohl grundlegendste Aufgabe der Bewusstseinsschulung, so besteht die nächste in der Entmischung und reinen Kultivierung von allen erwähnten Komponenten. Die zwei Zielsetzungen können das *reine Denken* und das *reine Wahrnehmen* genannt werden.

Rein wird das Denken durch dreifache Reinigung: Rein von Emotionen, rein von Wahrnehmungselementen und rein von Vergangenheitselementen. Die erstgenannte Reinigung wird in der «Gedankenkontrolle», der primären Konzentrationsübung – Denken und Vorstellen um das Thema eines einfachen, indifferenten, menschengeschaffenen Gegenstandes herum – vollzogen.[49] Die zweite Reinigung besteht im «abstrakten», sinnlichkeitsfreien Denken,[50] im vertieften Lesen von Werken wie *Die Philosophie der Freiheit* oder *Wahrheit und Wissenschaft*, wobei mehr der Gedankengang als der informative Inhalt verfolgt wird. Der Verzicht auf die Vergangenheitselemente endlich bedeutet das Erhöhen und Verweilen des Bewusstseins auf der Ebene der Gegenwärtigkeit, d. h. des Verstehens oder des wortlosen Denkens,[51] was in der zweiten Phase der Denkkonzentration[49] oder aber im meditativen Lesen dazu geeigneter geisteswissenschaftlicher Werke oder in der Denkmeditation selbst[52] versucht werden kann.

Die Schritte zum reinen Wahrnehmen oder zur Wahrnehmungsmeditation[53] werden im nächsten Kapitel beschrieben. Die Wahrnehmungsübungen können ohne die Denkübungen nicht fruchtbar werden; denn das ungeübte und auch im höheren Sinne undisziplinierte Gedankenleben wird sich immer in die Wahrnehmungsgebärde hineinflechten, da es nicht kontrolliert in Bereitschaft gehalten werden kann. Außerdem wird die zum reinen Wahrnehmen (das wortlos und begriffsfrei vor sich geht) notwendige Ich-Kraft durch die Denkübungen erworben: dass man in der Hingabe an die mächtigen Ideen, die einem aus den Naturgegenständen entgegenstrahlen, ein waches Ich bleiben kann, nicht geblendet wird, nicht erblindet und nicht Zuflucht nehmen muss zum Denken, zum Inventar-Aufstellen. Dieses tiefe innere Entgegenschweigen ist schon im menschlichen Gespräch schwierig, obwohl der Partner im Allgemeinen unsere Sprache spricht, im Gegensatz zur Natur.[54]

Wenn wir die Natur sprechen lassen wollen, muss der Hingabepol des wahrnehmenden Pendelschlages dazu ausgebildet, gesteigert, verlängert werden, um ihr ein Entgegenschweigen zu bieten. Dazu muss von diesem Hingebungsakt das eigene Tun im Bei-sich-Sein getrennt werden. Die Trennung kann nicht vollzogen werden ohne das Erstarken dieses Pendelschlages selbst. Im Wahrnehmen sind «mein Tun» und das «Tun der Natur» gewöhnlicherweise vermischt. Die Schulung versucht, beide in Reinkultur erstarken zu lassen, damit beim «Lesen» der Zeichen, aus denen die Natur besteht, das menschliche Tun womöglich völlig zum Schweigen gebracht wird. In diesem Schweigen kann letztlich die Idee des

Wahrgenommenen «ertönen», wie ein Flüstern mit negativer Tonstärke – leiser als lautlos. Dieser fernen Erkenntnis geht voran, dass ein sonst völlig unbekanntes und unbenennbares Fühlen im Entgegenschweigen aufleuchtet, ein Fühlen, das aus der Wahrnehmung ausstrahlt und in der Seele widerklingt.

Was im Hinblick auf das erklingende Wort einerseits akustische Erscheinung und andererseits Bedeutung ist, heißt in Bezug auf die Sinnesqualitäten Empfindung und Fühlen – erkennendes Fühlen, das gewöhnlich nicht vernommen wird.

Diese zwei Elemente, Erscheinung und Bedeutung, sind beim Wahrnehmen viel näher beieinander als im Fall des Wortes, aber das verstehende Fühlen, das das Denken in sich enthält, wird vom Ersatzbegriff und durch die Abwehr des Fühlens verdeckt, weil dieses Fühlen unbekannt strahlend und mächtiger als alle Emotionen ist.

Das Hinsteuern auf das reine Wahrnehmen bedeutet, dass der Wahrnehmende sich immer mehr auf die verborgene Beziehung des wahren Ich zur Natur-Ideenwelt orientiert,[55] die sich in der Auseinandersetzung mit dem menschlichen Bewusstsein zu unserer Wahrnehmungswelt metamorphosiert.

Die wahre Wirklichkeit der Naturwelt, ihre mächtige Ideenhaftigkeit, wird durch zwei Faktoren herabgelähmt und umgestaltet, sodass sie als die Welt der Dinge erscheint. Der eine ist die Qualität der Begriffe, die der Mensch der Natur entgegenbringt. Der andere Faktor ist der Gebrauch der physischen Sinnesorgane, die durch ihre physische Affiziertheit einen Teil der «Lichtwelt» zur physischen Wirkung umsetzen; dieser Teil erscheint dann in der Wahrnehmung nicht. Ähnlich wird die Lebendigkeit des Denkvorganges in Gehirnprozesse verwandelt, die vom Denken hervorgerufen werden und nicht in das Bewusstsein gelangen: die Lebendigkeit wird in der Denkerfahrung fehlen.

Durch die Übungen (Kap. 8.) wird zunächst versucht, an dem ersten Faktor, an den Begrifflichkeiten, zu arbeiten und sie zu ändern, d. h. die gewohnten Begriffe in der Hingabe an den Naturgegenstand zu «vergessen». Vergessen kann man bekanntermaßen *absichtlich* nichts; aber durch das Trennen der zwei Phasen im Wahrnehmungspendelschlag und Verlängern der Hingabephase kommt man dem Ziele nach und nach näher. Der zweite Faktor tritt in der fortgeschrittenen Phase des Übungsweges wie von selbst zurück: Man lehnt sich immer weniger an die physischen Sinnesorgane an, wenn das Fühlen immer mehr in den Vordergrund tritt (vgl. Anhang XII).

In den Übungen wird die Identität mit dem Thema und dem «Licht» auf mannigfaltige Weise erfahren.

Das Sich-Herausheben des Bewusstseins aus dem Organismus bringt mit sich, dass der Zeuge auch einen neuen «Anker» oder Spiegel braucht; man kann das in Analogie zu den «sinnlichen» Sinnesorganen übersinnliche Wahrnehmungsorgane nennen. Während die bekannten Sinnesorgane im Organismus mehr oder weniger lokalisierbaren Gebilden zuzuordnen sind, handelt es sich bei den höheren Sinnesorganen um ein bestimmtes Konfigurieren der Aufmerksamkeitskräfte, die freie Lebens- und Empfindungskräfte sind. Die übersinnlichen Beobachtungsorgane sind je nach ihrem «Objekt» individuell (vgl. Anhang XIII).

Die Sinnesqualitäten sind ideenhaft, aber ohne Wahrnehmung werden ihre Ideen nicht gebildet: ein Merkmal der höheren Ideen – «Denken» oder «Verstehen» und «Wahrnehmen» kommen einander nahe oder werden eins. So ist es auch mit den weiteren imaginativen und fühlenden Ideen: Ihr Wahrnehmen ist zugleich ihr Verstehen. Allerdings sind die Ansätze zu diesen intuitiven Wahrnehmungsorganen aus der archaischen Bewusstseinskonstitution geblieben: In der Schulung werden sie bewusst ergänzt und wirksam gemacht.

Wenn Wahrnehmen und Verstehen – dem auf der untersten Bewusstseinsstufe das Denken entspricht – zusammenfallen, dann haben wir es mit einem Urphänomen im Goetheschen Sinne zu tun (vgl. Anhang XIV). Das Ziel der Wahrnehmungsschulung ist, die Natur auf dem Goetheschen Weg zu verstehen, ihren wahren Sinn zu erfassen, gleichsam im Buch der Natur zu lesen. Durch die naturwissenschaftlichen Gesetze wird sie lediglich wie von außen beschrieben, ohne Verstehen.[56]

Die hier vorgeschlagene Wahrnehmungsschulung geht einen ähnlichen Weg wie die Kunsterziehung: Sie versucht, das erkennende Fühlen im Wahrnehmen zu wecken. Die Kunst entfacht solches Fühlen durch Menschengeschaffenes; die Wahrnehmungsentwicklung versucht, auch die Natur in den Bereich des Fühlens zu bringen. Sie versucht, durch die Sinneswahrnehmung zu deren übersinnlicher Quelle zu gelangen: zum reinen Fühlen.

Im Folgenden werden zunächst Übungen des Sehens besprochen. Das ist darin begründet, dass die uns nächstliegenden, am leichtesten verständlichen Sinnesbereiche das Sehen und das Hören sind: Diese Sinne liefern den «Rohstoff» für die «lesenden» oberen Sinne. Nun stehen Naturtöne nicht beliebig zur Verfügung und sind auch nicht beliebig zum Verstummen zu bringen, was für den Übungsweg am Anfang durchaus notwendig wäre (s. Kap. 8). Mit sichtbaren Objekten geht man leicht um: Wir schauen etwas an, dann schließen wir die Augen oder wenden sie vom Objekt ab. Hat man sich die Fähigkeit der empfangenden Aufmerksamkeit einigermaßen erarbeitet, dann kann jeder Sinnesbereich (Hören, Riechen, Geschmack usw.) zum Tätigkeitsfeld der Schulung werden.

Dass zum Üben Naturdinge und -phänomene verwendet werden, könnte aus den vorangehenden Betrachtungen zu verstehen sein: Die Ideen der menschengeschaffenen Dinge sind dem gewöhnlichen Denken zugänglich, ihr Anschauen brächte nichts Neues dazu. Es könnten allerdings Kunstwerke verwendet werden, doch sind diese weit mehr von vornherein mit Sympathien und Antipathien im alltäglichen Sinne sowie mit ästhetischen Urteilen und Gefühlen belastet als z. B. ein Kieselstein; das wirkt nachteilig und hemmend auf das Üben. Daher beginnt man mit den einfachsten Naturdingen: Ein Stein, ein Pflanzenblatt dient als Eingang in die Welt des kosmischen Fühlens.

8.
Wahrnehmungsübungen[57]

Wenn man seine Wahrnehmungsfähigkeit entwickeln will, arbeitet man an der wahrnehmenden Aufmerksamkeit, und das bedeutet: an dem Verhältnis des Alltags-Ich zum wahren Ich. Die Autonomie für diese Arbeit rührt vom Denken her, und zunächst könnte man die Wahrnehmungsschulung getrost als Erziehung des Denkens auffassen, im Sinne des 1. Kapitels: Die Qualität des Wahrnehmens wird durch die Qualität der Begrifflichkeit bestimmt. Jemand, der das Denken in der prozessualen Bereitschaft halten, d. h. verhindern kann, dass es in das Gedachte fällt, der hätte spontan auch ein imaginatives Wahrnehmen, denn die sich sonst andauernd hineinflechtende gedachte Begrifflichkeit würde das an sich lebendige Wahrnehmen nicht zum Stillstand bringen, d. h. ins Tote, in Vergangenheit verwandeln. Wer zum lebendigen Denken fähig ist, hat auch zum lebendigen Wahrnehmen Zugang, denn das Ich, die Aufmerksamkeit ist für beide Fähigkeiten von derselben Qualität.

Dazu führt aber – außer den Denkübungen[58] – doch ein langer Weg. Zuerst muss das normale oder besser das gesunde Wahrnehmen hergestellt werden. Denn das ganze moderne Leben erzieht zur Gewohnheit des *informativen Wahrnehmens*, das bloß bis zur Feststellung des Begriffs oder der Bezeichnung am Wahrnehmen interessiert ist.

Das informative Wahrnehmen besteht z. B. darin, dass wir mit einem flüchtigen Blick feststellen: ein Strauß roter Rosen. Wir können uns den Strauß zunächst nur vorstellen, weil wir die ungeheuer komplizierten Einzelheiten gar nicht wahrgenommen haben. So besteht die erste Übung in dem wirklichen Wahrnehmen eines einfachen Gegenstandes.

Die ersten zwei Übungen sind ohne Vorbedingungen. Die darauf folgenden setzen Geübtheit im Denken voraus.

1. Einfaches Wahrnehmen

Thema: Ein *kleiner Stein* (kein Kristall) oder ein *kleines Pflanzenblatt.* Dauer: höchstens drei Minuten, am Anfang mit einer halben Minute beginnend. (Der Kristall ist ästhetisch zu ansprechend, außerdem treten optische Probleme auf. Erst später kann man dann auch mit Kristallen arbeiten.)

Es ist für den Übenden sehr schwer, sich mit intensiver, womöglich ganzer Aufmerksamkeit einem Gegenstand zuzuwenden, der ihn nicht interessiert. Die Voraussetzung dafür wäre ein Zustand der *Sorgenlosigkeit.* Weder große noch kleine Sorgen, Gedanken, Gefühle am Rande oder auch innerhalb des Gerichtetseins auf das Thema sollten den Übenden bewegen. Da sie sich aber nur umso stärker bemerkbar machen, wenn wir sie abzuwehren versuchen, ist dieser Ausgangspunkt sehr schwer und nur graduell zu erreichen. Anstatt abzuwehren, ist es besser, immer zum Thema zurückzukehren. Vorangehend aber kann man von den größten aktuellen Problemen gleichsam ein Inventar aufnehmen und sich dann sagen: Und für die nächsten Minuten widme ich mich ganz dem Thema der Übung.

Man setzt sich für die wenigen Minuten der Übung (die Zeit wird von dem Eintreten der relativen inneren Ruhe an gerechnet, ungefähr, nicht mit der Uhr), nimmt einen einfachen Stein oder ein Pflanzenblatt in die Hand oder legt es vor sich hin und schaut es an. Wer zum starren Glotzen neigt, tut gut daran, den Gegenstand nicht in der Mittellinie zwischen den Augen, sondern ein wenig seitwärts zu halten oder zu legen. Das Anschauen soll aus einer Entfernung geschehen, bei der man den *ganzen* Gegenstand sieht; Einzelheiten sind nur so weit interessant, wie man sie bei solcher Entfernung sehen kann. Die Anforderungen beim Schauen sind einfach, und in der Einfachheit scheinen sie einander zu widersprechen: Man soll möglichst *genau* und möglichst die *Ganzheit* des Gegenstandes wahrnehmen. Das zeigt sich so: Wenn man auf die Ganzheit schauen will, kann man wenig auf die Einzelheiten, auf die Genauigkeit achten und umgekehrt. In diesem Widerspruch zeigt sich eigentlich die zweifache Natur des Pendelschlages: Man verliert die Ganzheit aus dem Auge, wenn man auf die Einzelheiten (Form, Farbe, Muster, Oberflächenbeschaffenheit usw.) schaut; auch registriert man bewusst, wenn man auf die Einzelheiten bedacht ist. Es ist individuell verschieden, wem welche Gebärde leichter fällt.

In der zweiten Übung, in der wir uns den entsprechenden Gegenstand vorzustellen versuchen, wird die erwähnte Schwierigkeit klar. Sehr selten kann man auf Anhieb beiden Anforderungen Genüge tun.

So ist es ratsam, schon gleich bei dieser allerersten Übung die zwei Arten der Aufmerksamkeit getrennt anzuwenden. Einmal schaut man die einzelnen Züge registrierend an, dann macht man eine kleine Pause und schaut den Gegenstand in seiner Ganzheit an. Man soll ihn dem Auge nicht näher bringen, um die Details besser zu sehen; das Thema ist in der gegebenen Entfernung gemeint; mit einem Vergrößerungsglas würde man noch und noch Einzelheiten finden.

Das Registrieren kann durch gedankliche Bezeichnung versucht werden, indem man die herausgegliederten Züge benennt. Bei Naturdingen wird man bald bemerken, dass man es größtenteils mit Details zu tun hat, die sich nicht bezeichnen lassen: Wir haben keine Wörter für das Gesehene. Bei eingehender Beobachtung werden wir viele solche Züge auch an menschengeschaffenen Dingen finden: die Farbnuancen, das Glänzen, Schillern des Lichtes an der Oberfläche, die Falten einer Draperie usw. Die Wahrnehmungswelt ist in der Tat mit Worten nicht zu beschreiben. Schon die Form eines Kieselsteines oder einer Tulpe ist mit Worten nicht so beschreibbar, dass man sich das Beschriebene richtig vorstellen könnte, ohne es gesehen zu haben.

Es ist zu empfehlen, zunächst *einen* bestimmten Gegenstand für einige Wochen zu gebrauchen; in diesem Fall kann es nur ein Mineral sein. Die Übung kann auch auf die Weise ausgeführt werden, dass man den Gegenstand mehrmals anschaut, mit kurzen (1/2 Minute) Pausen dazwischen, die man mit geschlossenen Augen verbringt. Man kann auch in den Pausen je eine kurze Denkkonzentration einfügen (dann sind die Pausen länger); Denk- und Wahrnehmungsübungen fördern sich gegenseitig in der Abwechslung.

Alle Übungen sind keineswegs erfolgs- oder leistungsorientiert: Ziel ist das Üben selbst. Änderungen im Wahrnehmen kann man nur bei regelmäßigem (täglich mindestens einmaligem) Üben über einige Wochen hin erwarten.

Vergleichendes Wahrnehmen von menschengeschaffenen und Naturdingen

1a) Übung 1 wird mit zwei Gegenständen ausgeführt: Als Menschengeschaffenes nehme man etwas Einfaches (Löffel, Zündholz, Nagel usw.). Wie in Übung 1 schaue man die Einzelheiten und die Ganzheit in durch Pausen getrennten Akten an. Danach gebe man sich Rechenschaft über die erfahrenen Unterschiede im Charakter der Gegenstände.

1b) Nach einiger Praxis in Übung 1 konzentriere man sich auf die unbenennbaren, unbeschreibbaren Einzelheiten des Gegenstandes. Besonders an den Naturgegenständen wird man bemerken, dass die «Benennungen» pauschal und ungenau sind.

1c) Mit dem Auffinden der Unbenennbarkeiten verändert sich das Registrieren der Einzelheiten: Man denkt nicht Worte, sondern man «registriert» sehend, ohne Gedankliches im Hintergrund. «So» kann man bloß innerlich sagen.

1d) Man kann bei Übung 1c im *Nachhinein* in sich leise im Hinblick auf die Unbenennbarkeiten und auch für den ganzen Naturgegenstand den Gedanken und das Gefühl wachrufen: Es gibt kein Zweites dieser Art, es ist einmalig. Einmaligkeit ist zu fühlen.

1e) Zum Ausruhen beobachte man am Naturgegenstand feine Unterschiede in Farbe, Muster, und Wirkung des wechselnden Lichtes (Sonnenschein, Schatten). Ist die Übung nicht oberflächlich, wird man stets Neues am Naturgegenstand finden: Man lernt nie aus. Man wird vertraut mit ihm, aber er wird nie langweilig.

Die Übungen sind spielerisch, leicht gelockert, gelassen auszuführen. Alles Wissen, auch über die Übungen, soll vergessen werden, natürlich nicht direkt (das geht nicht), sondern indem man sich immer wieder dem Thema zuwendet, womöglich ausschließlich.

Wenn Übung 1 relativ gut geht, vielleicht nach einigen Wochen, fange man mit Übung 2 an.

2. Vorstellen

Vorstellen bedeutet inneres Sehen, Hören, Tasten usw. In Bezug auf den Gesichtssinn heißt es, ohne Sehen ein inneres Bild zu gestalten. Diese Fähigkeit ist individuell sehr verschieden und wird gewöhnlich nicht rein als solche gepflegt, sondern bleibt mit dem Denken, mit den Emotionen vermischt; als eine Form der Übung ist sie nicht bekannt. Diese lautet:

Den Gegenstand, den wir in Übung 1 angeschaut haben, nun mit geschlossenen Augen bzw. den Blick von ihm abwendend sich *vorzustellen*.

Zunächst versuche man nach längerem Anschauen (1–3 Minuten) das Vorstellen kurz zu halten (1/4 – 1/2 Minute), dann gestalte man die Übung so:

Anschauen (15 – 30 Sekunden), dann Vorstellen (15 – 30 Sekunden) abwechselnd zwei- bis viermal. Das Ungewohnte an dieser

Übung ist, dass wir das Gesehene zwar unter anderen ähnlichen Gegenständen (eine Hand voll Kieselsteine) sicherlich wiedererkennen würden und es uns auch spontan als Erinnerungsbild einfallen könnte, aber Anschauen und unmittelbar darauf folgendes Vorstellen kommt im Alltagsleben kaum vor. Die Bewusstseinsschulung ähnelt diesbezüglich der Ausbildung in einer Kunst: Man lernt sonst nie gebrauchte Bewegungen (z. B. mit den Händen) und wird darin mit der Zeit immer geschickter; hier lernt man nie gebrauchte Bewusstseinsgebärden.

Das Vorstellungsbild kann unterschiedlich hergestellt werden. Was nicht zur Übung gehört, ist das «Nachleuchten» des Gegenstandes: Man schließt die Augen, und der Gegenstand schwebt wie spontan als Nachbild – auch in Komplementärfarben – vor dem inneren Blick. Das kommt bei sehr schwachem Aufmerksamkeitswillen vor: Da tritt die Physiologie in ihre Rechte.

Das innere Bild soll durch die Aufmerksamkeit gestaltet werden. Zunächst kann es aus den beobachteten Einzelheiten «zusammengestellt» werden; die ersten Versuche werden meistens in diese Richtung gehen. Bald entdeckt man, dass sich auf diese Weise kaum ein kräftiges Bild herstellen lässt. Man kann dann versuchen, vom ganzheitlichen Anschauen her das Bild als Einheit zu «bekommen». Versuche beider Art sollten gemacht und geübt werden, auch um den Unterschied im Ergebnis auszukosten. Mit den Details arbeitet das Denken; am Anfang kann man Denken und bildhaftes Vorstellen oft gar nicht unterscheiden oder voneinander trennen. Man wird es durch die zwei Arten des Vorstellens erreichen, die man bewusst übt. Hat man Schwierigkeiten mit dem globalen Vorstellen, so sind folgende Hilfsschritte zu empfehlen: a) Man schaut den Gegenstand (etwas seitwärts) an, schließt die Augen und schaut durch die geschlossenen Augen den Gegenstand weiter an. b) Nach dem Anschauen macht man eine kurze Pause, dann fragt man sich (ohne anzuschauen): Wie sah der Gegenstand aus? Man versucht also die normale Erinnerung, die spontan auftreten kann, zu aktivieren. Das Ungewohnte an der Übung ist die Absichtlichkeit:

Man weiß zunächst nicht, wie man diesen Vorgang absichtlich auslösen kann – diese Gebärde ist neu und will erst angeeignet sein. Es kann eine Hilfe sein, wenn man versucht, den Gegenstand in der Vorstellung unter vielen ähnlichen Gegenständen wiederzuerkennen, z. B. einen Kieselstein in einem Gefäß, das viele andere ähnliche enthält. Oder man stellt sich vor, der Gegenstand wäre verloren gegangen, und man sucht und findet ihn irgendwo.

Hat man mit der ganzheitlichen Vorstellung Schwierigkeiten im Hinblick auf die Genauigkeit, so kann man sich zunächst mit dem erreichten Grad der Reproduktion begnügen; mit weiterer Übung wird das Bild reicher. Der Reichtum der Vorstellung hängt von der Intensität der *ganzheitlichen* (nicht auf die Einzelheiten gerichteten) Beobachtung ab. Daher ist bei schwachem Vorstellungsbild an der Beobachtung zu arbeiten. Wir sind gewohnt, sehr oberflächlich wahrzunehmen. Die Vorstellungsintensität wächst mit dem Üben sehr stark.

Wenn man auch nach längerer Übungszeit (einige Wochen) mit dem Vorstellen nicht zurechtkommt, versuche man es schrittweise: Erst die Ansichtsform (Projektionsform auf eine Fläche) des Gegenstandes, die Umrisse, dann die räumliche Form, dann die globale Farbe, dann Farbunterschiede an der Oberfläche, dann das Muster usw. jeweils einzeln vorzustellen.

Hat der Gegenstand fühlbares Gewicht, so ist es besser, ihn vor sich hinzulegen, sodass kein Druck auf die Hand ausgeübt wird. Man kann dann auch versuchen, die Tastvorstellung wachzurufen, wie der Gegenstand sich anfühlte. Die Tastvorstellung hat den Vorteil, dass man sie nicht «denken» kann und daher sicherlich reine Vorstellung ist, sofern es gelingt, sie herzustellen.

Später kann man alle mittleren, dann auch alle unteren Sinnesbereiche in die Vorstellungsübungen einbeziehen. Nach einiger Übungszeit wird man bemerken, dass die «unbeschreiblichen» Züge keineswegs schwieriger vorzustellen sind als die «benennbaren» – von denen an den Naturgegenständen kaum etwas zu finden ist.

Die Konzentrationsfähigkeit, die durch die Denkübungen zu erarbeiten ist, wird beim Vorstellen wieder einer Prüfung unterworfen. Wie alle Übungen, erfordert auch das Vorstellen Nüchternheit; Stimmungen, Phantasie, Emotionen und auch alles über den Gegenstand Gewusste, das nicht im Beobachten erworben wurde, sollten nicht hereinspielen. Das Bewusstsein soll sich im Wahrnehmen wie auch im Vorstellen immer mehr auf das aktuell Gegebene, hier und jetzt Erfahrene beschränken.

Beim Abwechseln von Wahrnehmen und Vorstellen wird man mit der Zeit beobachten können, dass am Anfang des wiederholten Anschauens der Gegenstand «anders» aussieht, glänzender, frischer, «gewaschen». Später können in den ersten Augenblicken neue Gefühls-Andeutungen auftreten. Ebenso vorteilhaft ist das Abwechseln der zusammengefassten Übungen 1 und 2 mit der Denkkonzentration: Die zwei gegensätzlichen Gebärden, Denken und Wahrnehmen, erleichtern und intensivieren sich gegenseitig. Man kann diesbezüglich eine kleine Übung versuchen. Sie besteht darin, dass man den Gegenstand beim Öffnen der Augen kurz anschaut und die Augen wieder schließt. Gelingt es, die richtige Dauer dieses «Blickens» zu treffen (sie ist völlig individuell, im Allgemeinen um eine Sekunde herum), so erfasst man den allerersten Teil des Anblickens, in dem der Gegenstand sehr intensiv, leuchtend entgegenstrahlt, weil das Denken in der kurzen Zeitspanne noch nicht oder kaum einsetzen kann. Damit wird eigentlich die zweite Phase der zentralen Übung 3 («es lässt sich sehen») für einen Augenblick vorweggenommen. Man kann auch versuchen, sich den Gegenstand nach dem kurzen Anblicken vorzustellen.

Ziel der Übungen 1 und 2 ist es, die zwei Seiten des Pendelschlages zu trennen: im Anschauen das Hingegebensein, im Vorstellen das Bei-sich-Sein zu kultivieren. Im Anschauen bleibt immerhin lange Zeit ein Pendelschlag anwesend; nach und nach verlängern sich die Phasen der Hingabe, was sich in der Qualitätsveränderung des Wahrnehmens kundgibt.

Zwischenbemerkung

Die Übungen 1 und 2 sind für jeden Menschen zu empfehlen, auch für Anfänger. Es ist aber bei den Wahrnehmungsübungen zu beachten, dass sie im Gegensatz zu den Denkübungen keine ausgeprägte Grenze zur Meditation hin haben: Im Pendelschlag am Hingabepol *ist* man nicht im gespiegelten Bewusstsein, während die Denkkonzentration erst dann in die meditative Gebärde übergeht, wenn in ihrer zweiten Phase die Funktion oder die Idee des menschengeschaffenen Gegenstandes das Thema wird und man zum Erleben des Verstehens kommt. Und auch in diesem Fall begegnet man bloß dem eigenen Denken, ein schon früher in der Kindheit erlebtes Verstehen wird wiederholt. Verlässt man die Ebene des gespiegelten Bewusstseins im Wahrnehmen, dann wird man viel höheren Ideen – Naturideen, kosmischen Ideen, Schöpfungsideen – ausgesetzt. Daher sind einerseits die folgenden Übungen nur solchen Übenden zu empfehlen, die im Denkbereich schon eine gewisse Gewandtheit erreicht haben. Der Übergang zwischen Konzentration und Meditation ist im Gebiet des Wahrnehmens fließend; eben deshalb kann es andererseits schon in Übung 1 passieren, dass man tiefer in die Hingabe eintaucht (sie ist ja bei jedem Wahrnehmen berührt), und das kann Angst, Aufregung oder andere seelische Zustände hervorrufen: Man ist in Bezug auf die Ich-Stärke nicht vorbereitet auf die Macht und Helligkeit der begegnenden Ideen-Kraft. Man kann sagen, im Wahrnehmen erleben wir, erleiden wir andauernd Intuitionen – zu unserem Wohl abgedämpft. Diese Abdämpfung wird beim *intensiven* Anschauen – im Wahrnehmen – schwächer, und das kann schon bei der ersten Übung passieren, wenn die Konzentration stark genug ist. Meistens gehen den unerwünschten seelischen Zuständen gewisse Zeichen voran: Der Gegenstand wird «größer», «kommt näher», «bewegt sich» usw. Alle diese Erfahrungen können in einer späteren Phase des Schulungsweges als Zeichen einer richtigen Entwicklung hingenommen werden; treten sie aber zusammen mit Angst oder anderen nicht erwünschten Seelenzuständen auf, dann tut man gut, die Übung zu unterbrechen und eine Zeit lang nur Denkübungen vorzunehmen, bevor man zu den Wahrnehmungsübungen zurückkehrt, auch wenn die Denkübungen (gerade bei solchen Persönlichkeiten) viel schwieriger durchzuführen sind als die Wahrnehmungsübungen.

3. Zentrale Übung

Ist durch die einführenden Übungen die denkende, wahrnehmende und vorstellende Aufmerksamkeit zu einer gewissen Stärke gediehen (in Ermangelung eines Maßes kann man nur sagen: Verlaufen die Übungen größtenteils ohne Störungen, und hat man Freude an ihnen), so kann man sich der zentralen Übung zuwenden. Diese besteht darin, dass die Trennung der zwei Phasen des Pendelschlages der wahrnehmenden Aufmerksamkeit nun im Wahrnehmen selber versucht wird, ohne das Vorstellen in Anspruch zu nehmen. Erst schaue ich den Gegenstand an mit der Haltung und dem Empfinden «ich schaue ihn» – die Aufmerksamkeit geht gleichsam von mir aus und hin zum Gegenstand; nach einer 1/4 – 1/2 Minute schließe ich für einen Augenblick die Augen (blinzeln), dann öffne ich sie mit dem Gefühl im Hinschauen «es lässt sich sehen», «es gibt sich», «es spricht sich aus», mit der Haltung, ich bin ganz passiv, gebe Platz für das Angestrahltwerden vom Gegenstand her. Man bleibt 1 – 3 Minuten lang in dieser Phase, dann wechselt man mit einem Blinzeln zurück in die erste Gebärde «ich schaue ihn», mit einer oder zwei Wiederholungen beider Phasen.

Wird diese Übung versucht und erlebt man keinen Unterschied in den zwei Schritten, dann sind Übungen 1 und 2 noch weiter zu pflegen. Sie sind jedenfalls *immer* die Einführung zu Übung 3. Bemerkt man im Wahrnehmen eine Veränderung im Übergehen zu «es gibt sich», so kann man die Übung wiederholt fortsetzen, um die entsprechenden Bewusstseinsgebärden mehr und mehr zu finden.

Übung 3 wurde «zentral» genannt, weil der lange Weg zur Wahrnehmungsmeditation eigentlich mit der zweiten Phase als verlängerte Hingabe im Schweigen der (durch Übung 1 und 2) *abgesonderten* gedanklichen Tätigkeit beginnt; weiterhin sind von dieser Übung aus eine unbegrenzte Anzahl Variationen zu bilden, von denen einige im Folgenden als Beispiele erwähnt werden.

Die erste Phase der Übung – das bewusste Hinschauen «von mir zum Gegenstand hin» – enthält natürlich als schnelle Oszillation auch die Hingabephase, sonst würde man überhaupt nichts sehen, aber sie prallt sehr schnell vom Gegenstand zurück, und im Bewusstsein erfolgt eine Art wortloses Registrieren; als ob wir im Gespräch den Partner wohl hören würden, aber gleichzeitig in uns unser Urteil, unsere Antwort, Bejahung oder Verneinung zu dem Vernommenen hinzufügen würden. Zunächst ist auch in der Hingabephase («es lässt sich sehen») mehr oder weniger die Rückkehr zum Bei-sich-Sein da, aber der Pendelschlag wird durch die Übung asymmetrisch verlangsamt, sodass die Hingabe stark auf Kosten des anderen Poles verlängert wird. Im späteren lernt man immer länger in der Hingabe zu verbleiben. Das führt oft zu der Versuchung, ganz an diesem Pol zu bleiben und den Pendelschlag zurück in das Bei-sich-Sein gar nicht ausführen zu wollen: Es ist begreiflicherweise viel «schöner», den Gegenstand sprechen zu lassen. Trotzdem ist es aus zwei Gründen wichtig, von Zeit zu Zeit zu sich zurückzukehren:

a) Wenn man in das rein aufmerksame, ungestörte, tagwache Bewusstsein nicht zurückkehrt, wird man die Tendenz des Hineinschlafens in den Gegenstand empfinden, und es wird auch das Abdämmern des Bewusstseins mit Genusscharakter eintreten.

b) Die Übung wird zunächst nur dann erkennend bleiben, wenn man zeitweise auch die Rückkehr übt; auch wegen des Frischbleibens der Erfahrung in der Hingabe. Dieselbe Problematik stellt sich im Hinblick auf die Denk- und Bildmeditation: Wie lange kann man in ihnen verbleiben, ohne dass das Bewusstsein abdämmert? Auch in diesen Übungen tut man gut, zeitweise «zurückzukehren». Man kann genau «wissen», wann das Verweilen in der Hingabe in eine Versuchung des Genießens übergeht mit gleichzeitiger Herabdämmerung des Bewusstseins und wie lange man bewusst oder mit zunehmender Helligkeit in ihr bleiben kann.

Die ersten Erfahrungen in der Hingabephase sind erschütternd oder rührend. Sie werden unterschiedlich beschrieben: Der Stein beginnt zu atmen, zu strahlen, man wird mit Herzklopfen gewahr, dass er *ist* und dass dieses Sein gleichbedeutend mit seinem Sichtbar-Sein, «Sprechen», Sich-Zeigen ist. Anders ausgedrückt, dass Sein ein lichtes Sein, Erkennbarkeit ist. Man hat das Gefühl, das erste Mal wirklich wahrgenommen zu haben – was ja auch der Realität entspricht. Das echte Staunen, seit den Kinderjahren vergessen, tritt wieder auf. Man kann die Verkürzung des Abstandes zwischen sich und dem Gegenstand bis auf Null erleben, das Hineintauchen in ihn, das Es-Werden, das Aufweichen seiner Grenzen; dass das Sehen nicht im Raume lokalisierbar ist. Das Ertönen oder Sprechen des Gegenstands erfolgt im Fühlen. Es treten Gefühle auf, die völlig unbekannt und keine Eigengefühle sind: Sie gehören zum Objekt, sind charakteristisch für es.

Das erwähnte Paradoxon, dass man umso mehr wahrnimmt, je mehr man sich selbst in der Wahrnehmung «vergisst», wird in dieser Übung in seinem Wie erfahren; in der Hingabe erlebt man mehr und mehr die Identität (des wahren Ich) mit dem Gegenstand; im Bei-sich-Sein kann das formulierende Alltags-Ich darüber berichten, weil es im Zustande und für die Dauer der Hingabe (oder im intuitiven Verstehen in der Denkübung) mit dem wahren Ich identisch ist.

Kennzeichnend für die Erfahrung «es lässt sich sehen» ist, dass sie von den ersten Anfängen an, wo ein Unterschied zum «ich schaue es» spürbar wird, durch ein Fühlen begleitet wird. Dieses Fühlen – kein Selbstfühlen, nichts «Privates», sondern eindeutig den Gegenstand fühlend – wird im Laufe des Übens einerseits stärker, andererseits differenzierter: In der Differenzierung besteht der

Fortschritt, darauf zielen die nächsten Übungen; wie in der musikalischen Erziehung das Hören eine Differenzierung erfährt, von der der Anfänger sich zunächst keine Vorstellung bilden kann.

Ein weiteres Charakteristikum der Hingabephase besteht darin, dass der Gegenstand prozesshaft zu werden beginnt: Er «geschieht», «ist» nicht einfach nur. Das zeigt sich manchmal in einer Art Bewegung, z.B. nimmt man ein «Pulsieren» wahr; aber das gemeinte «Geschehen» ist keine räumliche Bewegung, sondern man hat die überzeugende Empfindung, dass das Sein selbst eine fortwährende Aktivität ist, etwa wie man solches im Hinblick auf einen Ton kennt. So beginnt der Gegenstand nun unhörbar zu «tönen», was nichts anderes als sein Existieren bedeutet.

Da die Gegenstände Gestalt und Farbe haben, kann man sich auch an diese hingeben; d. h. man sieht von dem Stein- oder Blatt-Sein ab, schaut nur auf die Farbe oder Gestalt. Dieser Möglichkeit kann man nachgehen, man vertieft sich in die Farbe, bis sie von der Oberfläche des Gegenstandes «abhebt» und zu «geschehen», sich zu strukturieren beginnt; man sinkt in sie hinein, wird «blau» oder «grün», «schmeckt» oder «riecht» entsprechend, d. h. man beginnt in der Farbe zu fühlen, die Farbe zu fühlen. Oder man kann auch sagen, die Farbe «tönt» auf eine charakteristische Weise. Ebenso ist es möglich, sich in die Gestalt zu vertiefen. Diese kann man auf ähnliche Weise zum «Abheben» bringen, d. h. von dem Gegenstand loslösen und sich in die Flächen hineinschmiegen, in sie hineinschwimmen, sich in sie hineinbewegen in einem fühlenden Auskosten der Bewegung. Man erfährt das elementare Wesen der Bildhauerei. Ganz auf dieselbe Weise kann man sich in andere Einzelheiten des Gegenstandes, in das Muster (Geäder eines Blattes) oder Figuren an der Oberfläche usw. vertiefen. Diese Übungen der Hingabe an Einzelheiten des Gegenstandes sind als berechtigte Vorübungen für das Sich-Versenken in den Gegenstand selbst zu betrachten. Der Stein, die Pflanze, auch das Blatt ist eine Ganzheit und sagt etwas aus, über seine Farbe, sein Muster, seine Gestalt hinaus. Es geht letztlich darum, dieses Fühlen in die Erfahrung zu bringen.

Wenn man die Erfahrungen formuliert, verbalisiert, ist größte Vorsicht am Platz, denn dadurch kann man die Erfahrung selbst beeinträchtigen, wenn die Beschreibung nicht ganz sachgemäß ist, z. B. über das Erfahrene hinausgeht oder *gewusste* Elemente in sie hineinbaut. Lieber nicht laut formulieren, solange man – durch das erwähnte wortlose Registrieren – darin keine Geschicklichkeit erworben hat. Von der therapeutischen Wirkung des vollen Wahrnehmens kann man sich leicht überzeugen:[59] Man kehrt erfrischt und erholt in den Alltag zurück. Diese Wirkung entsteht dadurch, dass man seine menschliche Natur im Wahrnehmen viel voller auslebt, als man es in der informativen Wahrnehmung tut. Es gehen weniger Qualitäten des Gegenstandes verloren, die sonst einen sich anhäufenden Ballast für das Seelenleben bedeuten.[60]

3a) Wenn Übung 3 sich eingespielt hat, d. h. wenn sich ein bedeutender und wiederholt auftretender Unterschied in der Erfahrung der zwei Phasen der Übung ergibt, dann kann die Übung modifiziert werden. Man übe: «Ich schaue es» – «es lässt sich sehen», dann bilde man (bei geschlossenen Augen) das Vorstellungsbild – «es lässt sich sehen» – Vorstellungsbild usw.; d. h. nach dem ersten «es lässt sich sehen» wechseln wir diese Phase mit «Vorstellen» ab, anstatt mit «ich schaue es». Ob diese Abwandlung der Übung an der Zeit ist, kann daran ermessen werden, ob sich das Vorstellen jetzt nicht auf die begrifflich-bildliche Erinnerung stützt, sondern durch das Fühlen gelenkt wird, das sich in der Hingabephase entwickelt hat. Wie lange dieses Fühlen im Vorstellen beständig ist, hängt von der Intensität der Hingabe bzw. des Fühlens in ihr ab.

Zwischenbemerkung

Mit Übung 3 tritt der Experimentierende in die Wahrnehmungsmeditation ein. Da wird es zur Erfahrung, dass das Wahrnehmen gar kein einfaches Geschehen ist, sondern eher ein dramatisches

Sich-Auseinandersetzen zwischen dem Menschen und der Wahrnehmungswelt, ein Kräftemessen mit der Frage: Wie viel verträgt der Mensch von der strahlenden Helligkeit der Welt? Die weiteren Übungen gestalten sich sehr individuell: Der Übende soll seinen Weg selber finden. Das Ziel ist, die Wahrnehmungswelt immer differenzierter zu fühlen. Als Beispiele sollen drei Arten von weiteren Übungsschritten dargestellt werden. Vorher aber eine Übung, die entweder nach der zentralen Übung 3 folgen oder ihr auch vorangehen kann. Sie ist anspruchsvoll im Hinblick auf das Vorstellen, kann aber zu außerordentlichen Erfahrungen im Wahrnehmen führen.

4. Das negative Bild

Man versuche, die negative Form oder den Hohlraum eines Gegenstandes zu sehen. Das ist sehr ungewöhnlich und deshalb zunächst schwierig. Daher ist es ratsam, mit einem einfachen Gegenstand zu beginnen, z. B. mit einem Pflanzenblatt, das wegen seiner Flächigkeit leichter als negative Form zu sehen ist. Wie sieht die Luftform um das Blatt herum aus? – so kann man die Aufgabe formulieren. Meistens ist es leichter, sich diese Hohlform vorzustellen, als sie zu sehen; so beginne man mit der Vorstellung. Wenn die Übung mit der flachen Form einigermaßen gelingt, gehe man zu einer räumlichen Hohlform über. Man kann auch damit beginnen, den Zwischenraum eines Geästes zu «sehen» – eine zielbewusste Lenkung der Aufmerksamkeit. Die Schwierigkeit zeigt sich darin, dass man immer wieder in das Sehen des «positiven» Gegenstandes zurückfällt. Helfend kann es sein, sich die Luft farbig vorzustellen.

Die Erfahrungen bei dieser Übung sind sehr individuell und auch seltener im Anfangsstadium als bei den vorangehenden. Es kann jedoch passieren, dass einem die besondere Beschaffenheit jeder Oberfläche aufgeht: Man empfindet Kraftwirkungen an ihr, sie «wird» plastisch, beginnt zu «leben» (auch wenn der Gegenstand leblos ist). Es kann so weit kommen, dass man einen Austausch, eine Wechselwirkung an der Oberfläche zwischen dem Innen und Außen erlebt.

Ist der Gegenstand ein lebendiger, eine Blume z.B., so kann das räumliche Negativbild sehr kompliziert und unglaublich scheinen (z. B. bei einer Dahlie). Die Blume selbst verursacht kaum das Gefühl des Unglaublichen, weil wir uns an sie gewöhnt haben, obwohl sie natürlich ebenso unglaublich ist wie ihre Negativform. Man wird durch diese Übung einen frischeren Blick erhalten, auch für die Gegenstände selbst: Das Staunen, die Urgebärde jedes Erkennens, wird immer bewusster.

5. Das Vergleichen von zwei Gegenständen

Die Reihenfolge der Aufmerksamkeitsgebärden ist Schauen – Vorstellen – Schauen – Vorstellen – Schauen – Vorstellen mit dem ersten Gegenstand; dann Übung 3 mit demselben, d. h. «ich schaue ihn» – «er lässt sich sehen»; dann «er lässt sich sehen» mit dem zweiten Gegenstand; nachher «er lässt sich sehen» abwechselnd mit den zwei Gegenständen bzw. dazwischen «ich schaue ihn» mit einem von beiden.

5a) Übung 5 mit zwei Steinen.

5b) Übung 5 mit einem Stein und mit etwas Pflanzlichem.

5c) Übung 5 mit zwei pflanzlichen Themen.

Bei diesen Übungen kann man sich wie immer in die Einzelheiten der Gegenstände versenken. Im Vergleichen aber geht es um den ganzen Stein und um das ganze Blatt oder die ganze Blume.

Durch das Vergleichen werden die zunächst globalen Gefühle differenziert. Am Anfang sind die Unterschiede kaum zu formulieren, und das ist vorläufig auch nicht wichtig. Der Zeitpunkt dafür ist gekommen, wenn die Erfahrungen durch die Differenzierung konturierte Form annehmen. Die Konturiertheit ist im Fühlen zu verstehen – sicherlich eine ungewöhnliche Erfahrung, wenn man sie mit dem Verfließenden des alltäglichen Gefühlslebens vergleicht.

6. Das Fühlen von Qualitäten

Übung 6 und 7 dienen auch der Differenzierung des Fühlens. Der Vorgang ist der begrifflichen Entwicklung ähnlich, durch die die Kinder gehen: Erst die großen Begrifflichkeiten, dann ihre Entfaltung zu immer kleineren Einzelheiten; erst die *Farbigkeit* selbst (meistens unter dem Namen einer bestimmten Farbe), dann die einzelnen Farben.

Übung 6 besteht darin, dass man sich *innerhalb* der Hingabephase von Übung 3 leise (ohne zu denken, ohne zu verbalisieren, im Fühlen bleibend) fragt: Was für ein Ton, Geschmack, Geruch usw. wäre der Gegenstand? Die leise Frage bezieht sich immer auf *eine* Sinnesqualität.

Der Erfahrung nach kann es vorkommen, dass als Antwort auf die Frage nach und nach eine Sinnesqualität erlebt wird. Der Stein kann einen «Geruch» haben. Es ist wohl überflüssig zu sagen, dass dieser nicht durch die Nase wahrnehmbar ist, sondern innerlich, wo auch die üblichen Geruchserfahrungen ihre Gefühlswurzel haben. Die so erlebten Gerüche sind sonst nie anzutreffen und auch den bekannten nicht ähnlich.

Sucht man nach der «Wärme» des Gegenstandes, so ist zu erfahren, dass man sich dabei nicht einfach auf der gewohnten Temperaturskala bewegt, sondern dass die erlebte «Wärme» einen spezifischen, für den Gegenstand charakteristischen weiteren, sonst unbekannten Zug hat; als ob die Wärme beispielsweise noch eine Farbe hätte. Ähnliche, aber nicht die gleichen Erfahrungen sind im künstlerischen Erleben bekannt: Da spricht man von «weichen», «warmen», «harten», «kalten» Tönen, von «weichen» Farben usw.

Im Vorangehenden war schon vom Ursprung aller Sinnesqualitäten im Fühlen die Rede. Auf dem Weg zu diesem Ursprung kann man sich eine Stufe bauen, indem man anstatt des noch unerreichbaren reinen Fühlens eine seiner übersinnlichen Metamorphosen erlebt: Das Fühlen wird nicht durch die Sinnesorgane «gebrochen» (wie das Licht durch ein Prisma), sondern durch die lebendige, fühlende Aufmerksamkeit, wodurch sein metamorphosierter Schatten auf die Fläche einer der gewohnten «Fühlungen», Sinnesqualitäten fällt. Man kann diese «Fragen» auch in Bezug auf die Gestalt stellen.

7. Das Wirklichkeitsgefühl

Man kehre vor oder während jeder Übung zu 2 zurück, um die zwei Takte des wahrnehmenden Aufmerksamkeitspendels voneinander zu trennen. Nun richte man die Aufmerksamkeit auf den Unterschied von Wahrnehmen und Vorstellen. Man frage sich (auf die beschriebene Weise): Was erfordert mehr Arbeit meinerseits, das Wahrnehmen oder das Vorstellen des Gegenstandes? Man wird durch die Frage auf etwas aufmerksam, das gewöhnlich dem Bewusstsein entgeht: dass nämlich die Arbeit, die ich beim Vorstellen leiste, im Wahrnehmen nicht von mir geleistet wird, sondern ...? Man bemerkt, dass die Wahrnehmung auf der Ebene des Fühlens immer von einer Überzeugung begleitet ist, die im Vorstellen natürlicherweise fehlt: dem Wirklichkeitsgefühl, der Überzeugung, dass das Wahrgenommene *ist*.[61] Dieses Gefühl ist ein Teil der nicht direkt vernommenen und deshalb in die Richtung des unterbewussten Fühlens metamorphosierten Ideenstrahlung, welche die Wahrnehmungswelt in ihrer wahren Wesenheit ist. Durch die Gewohnheit wird dieses Gefühl gar nicht bemerkt, weil es ja bei allen Sinneswahrnehmungen anwesend ist.

Übung 7 besteht darin, dass man im nachträglichen oder gleichzeitigen fühlenden «Vergleichen» von Wahrnehmen und Vorstellen auf das Wirklichkeitsgefühl achtet, dieses Empfinden herausarbeitet, stark *fühlbar* macht. Das geht einfach durch die entsprechende Ausrichtung der Aufmerksamkeit vor sich.

Diese zunächst undifferenzierte, im Hinblick auf alle Gegenstände scheinbar gleiche Empfindung wird in den weiteren Übungen als «Rohstoff» für das Entfalten eines Fühlens verwendet, das mehr und mehr den Gegenständen gemäß differenziert ist.

7a) Hat man das Wirklichkeitsempfinden genügend herausgearbeitet, nehme man zwei Gegenstände – zwei Steine oder einen Stein und etwas Pflanzliches oder zwei Pflanzen(teile) – und vergleiche die Wirklichkeitsempfindungen, die im Wahrnehmen («es lässt sich sehen») der Gegenstände auftreten. Durch das Variieren der Gegenstände und der Umstände (Beleuchtung, Lage) kann das Fühlen in der Richtung der Differenzierung immer weiter entwickelt werden.

7b) Ist man in Übung 7 und 7a einigermaßen fortgeschritten, so nehme man bewusst zwei verschiedene Arten von Gestein, z. B. Bergkristall oder Kieselstein und Kalzit, als Thema und versuche die Qualitäten im Fühlen zu erfahren. Man begnüge sich vorläufig mit dem Erfahren, ohne es zu verbalisieren.

7c) Wie 7b, aber mit zwei verschiedenen Pflanzen oder ihren Teilen, z. B. Blättern.

7d) Man nehme zum Vergleichen der Wirklichkeitsempfindungen zwei Pflanzen(teile) derselben Art, aber in verschiedenen Entwicklungsphasen, z. B. Knospe und verwelkende Blume; junges und altes Blatt; Samen und keimende oder entwickelte Pflanze.

8. Das Fühlen der Idee

Das Fühlen, auch in nicht-sinnlichen Qualitäten («Geruch», «Geschmack» des Gegenstandes) erlebt, ist der Vorhof zu dem Ideenhaften, das in der Natur wirksam ist, das die Natur «will». Dieser

Wille urständet nicht aktuell in einem schaffenden Wesen, die Natur ist fertig, es ist kein gegenwärtiges Eingreifen in die Schöpfung mehr vorhanden. Selbstverständlich ist der Vorhof schon sehr helle Erkenntnis im Vergleich zum alltäglichen Erkennen. Doch ist es nicht unmöglich, der willenshaften Idee näher zu treten.

Dazu lenke man die Aufmerksamkeit auf den *Prozess*, der der Gegenstand «ist». Es ist eine der ersten Erfahrungen in der Hingabephase der zentralen dritten Übung, dass der Gegenstand «geschieht». Das «Geschehen» zeigt sich zunächst immer klarer als entgegenstrahlendes Fühlen. Licht, das gefühlt werden kann. Man «kultiviere» dieses Fühlen des Lichtes, indem man gemäß den Übungen 5, 6 und 7 im Entgegennehmen differenzieren lernt. Wenn das Fühlen des Gegenstandes stark *und* differenziert genug, d. h. im Hinblick auf das Thema spezifisch geworden ist, schließe man die Augen *und versuche, das Bild «auszulöschen»*. Das geschieht selbstverständlich wieder durch eine innere, innerhalb der Übung wie spontan sich ergebende Gebärde, keineswegs durch denkerische Absicht: Man verschiebt nun *die ganze Aufmerksamkeit auf das Fühlen*, sofern ein solches beim Abbrechen des Sehens zurückbleibt. Ist das nicht der Fall, so verfahre man noch weiter gemäß den Übungen 5, 6 und 7. Ideal ist, wenn das Fühlen nicht nur bleibt, sondern sich durch das Hinwenden der ganzen Aufmerksamkeit noch verstärkt. Man vertiefe sich in dieses Fühlen und folge seinen Wandlungen. Der nächste Übungsschritt gründet auf dieses Erleben.

9. Der Wille des Gegenstandes

Die Hingabephase von Übung 3 soll wieder auf den «Prozess» gerichtet werden; man warte das Aufleuchten des Fühlens ab, dann verschiebe man innerhalb der Übung gleichsam das Staunen in Richtung auf die Frage: Was für ein Wille strahlt dieses Fühlen aus?

Was für ein Wille «will», ist wollend in diesem Prozess? Ist das Erlebnis des wollenden Fühlens intensiv, schließe man die Augen und wende die ganze Aufmerksamkeit dem verbleibenden Fühlen-Wollen zu. Der weitere Schritt besteht darin, dass man versucht, das verbliebene Fühlen auszulöschen, sodass man die Aufmerksamkeit in Erwartung eines Findens zu etwas hinwendet, das währenddessen noch gar nicht «da» oder vorauszuerahnen ist. Es leuchtet ein, dass man hier über eine empfangende, objektlose Aufmerksamkeit verfügen und eine völlige Ungestörtheit von Assoziationen erreichen muss, sonst treten diese an die Stelle des ausgelöschten Fühlens. Sollte die Übung gelingen, so fasst man mit seinem umgekehrten Willen[62] – ebenso monistisch wie in der Erfahrung des Fühlens – den «Willen des Themas» auf, es leuchtet das Wesen des Gegenstandes auf.

In diesem Aufleuchten werden Innen und Außen gänzlich eins. Das Erleben beginnt in der zentralen Übung schon mit dem Prozesswerden und setzt sich im Fühlen fort. In diesen Erfahrungen ist die Qualität relativ – im Vergleich mit dem Alltagsbewusstsein – aufgehoben, doch sind die Stufen «umbriferi prefazii» (Dante, Divina comedia, Paradiso 30,76), schattige Vorgebete (vor der Messe), so leuchtend, ja blendend sie auch sind. In diesem Akt fügt der Mensch der Natur wirklich hinzu, worauf sie wartet: die schöpferische Willensidee, deren Zeichen sie ist. Von da ab beginnt der Mensch das Wesen der Natur und sein eigenes, den Sinn beider zu verstehen. Das ist der Anfang des achten Schöpfungstages.

Nachwort

Die hier beschriebenen Übungen sind wie eine Verwirklichung dessen anzusehen, was Steiner auf folgende Weise beschreibt: «Zu betonen ist, dass der Geheimforscher sich nicht in ein Nachsinnen verlieren soll, was dieses oder jenes Ding *bedeutet*. Durch solche Verstandesarbeit bringt er sich nur von dem rechten Wege ab. Er soll frisch, mit gesundem Sinne, mit scharfer Beobachtungsgabe in die Sinnenwelt sehen und dann sich seinen Gefühlen überlassen. Was die Dinge bedeuten, das soll nicht er mit spekulierendem Verstande ausmachen wollen, sondern er soll es sich von den Dingen selbst sagen lassen.»[63]

Wie Steiner in der Fußnote zu den wiedergegebenen Gedanken bemerkt, ist das *«künstlerische Empfinden»* eine große Hilfe, «die beste Vorbedingung für die Entwickelung der geistigen Fähigkeiten». Wie die verbale Sprache, so haben auch die Künste einen Teil, der in der Wahrnehmungswelt erscheint, und einen anderen, der durch menschliche Seelentätigkeit vor sich geht und den Wahrnehmungsanteil ergänzt: Sie sind wirklich «Sprachen» mit *Zeichen* und *Bedeutung*. Sie *sagen* dem künstlerischen *Empfinden* etwas. Das Sagen ist an das Empfinden oder Fühlen gerichtet. Der Inhalt dieses Sagens kann nicht anderswie, z. B. durch gewöhnliches Reden wiedergegeben werden, auch wenn, wie in der Literatur, das Element der Kunst das Wort ist: Man kann ein Gedicht nicht mit anderen Worten erzählen. Durch das spezifische Element der Künste, durch das menschliche Abwandeln des Naturgegebenen *werden* die Kunstphänomene zu Urphänomenen für den «künstlerisch Empfindenden», d. h. Wahrnehmen und Verstehen fallen – im Idealfall – zusammen, nicht das Denken muss die Wahrnehmung interpretieren.

Doch unterscheidet sich das aktive Hervorbringen der Kunst von einer Erkenntnistätigkeit gerade durch die Forderung, eine spezifische Wahrnehmung zu schaffen, was für das Erkennen keine Notwendigkeit ist. Der schaffende Künstler (und auch der interpretierende) schafft neue Gefühlsformen, so wie ein Denker gelegentlich neue Gedankenformen in die Welt setzt. Dazu wird dem Künstler durch die kunstspezifischen Ausdrucksmöglichkeiten verholfen, die von den Gefühlsformen nicht zu trennen sind: Diese könnten ohne die «Stofflichkeit» der Kunst (musikalische Töne, Farben, Flächen und Formen) gar nicht erscheinen; die Gefühlsform und ihre Erscheinung sind eine Einheit, wie Sprechen und Denken im frühen Kindesalter. Daher wird man durch erhöhte Erkenntnisfähigkeit und auch durch die beschriebenen Wahrnehmungsübungen noch nicht zum schaffenden Künstler, auch nicht zum «reproduzierenden» (z. B. zum Pianisten), weil man sich dazu noch mit dem spezifischen «Stoff», mit der Technik der Kunst bekannt machen muss, meistens bis hin zu der entsprechenden körperlichen Tätigkeit. Wohl verhelfen die Übungen zu einem gesteigerten künstlerischen Wahrnehmen, und das Erleben von Kunstwerken hilft umgekehrt auf dem Übungsweg; der aktive Künstler aber muss aus dem erlebten Fühlen in die Stofflichkeit greifen können. Diese Fähigkeit wird durch die Wahrnehmungsübungen nicht entwickelt.

Ein weiterer Unterschied zwischen Kunstempfinden und erkennendem Naturempfinden besteht darin, dass man im Allgemeinen aus dem Alltagsbewusstsein nicht bewusst auf die künstlerische Ebene gelangt: Dafür sorgt ihr Element, die Kunst, sorgen die Musik, die Farben oder das ganze Kunstwerk. Die Erhöhung der Bewusstseinsebene durch die Übungen erfolgt durch die Arbeit des Übenden und daher allmählich und nicht schubweise, wie es im Kunsterleben der Fall ist.

Kunstwerke gehören zur Wahrnehmungswelt; auch Literatur, denn sie ist ursprünglich als Rede, als Rezitation gemeint. Insofern sind Kunstwerke durch den Menschen modifizierte Natur; man kann sagen: durch ihn klargestellt, vermenschlicht, gezähmt, als Sinnvolles selektiv gereinigt. Deshalb hat das künstlerische Empfinden einen fühlenden Zugang zu ihnen. Die Übungen sollen helfen, einen solchen Zugang auch für die Naturgegenstände zu erarbeiten.

Anhang

I (Kap. 1, S. 10)

In Aldous Huxleys Beschreibung ist das Herausheben und Wahrnehmen schon durch Begrifflichkeiten beeinflusst. Er schreibt: «Als Beispiel schildere ich eine persönliche Erfahrung, die ich auf dem Behandlungsstuhl eines Zahnarztes beim Auftauchen aus der Narkose machte. Die Rückkehr des Bewusstseins begann mit rein visuellen Sinneswahrnehmungen, die noch keinerlei Bedeutung beinhalteten. Soweit ich mich daran erinnern kann, handelte es sich nicht um Eindrücke von Gegenständen ‹da draußen› in der vertrauten dreidimensionalen Welt der täglichen Erfahrung. Es waren lediglich Farbflecke als solche, die weder zur Erscheinungswelt noch zu mir selbst in irgendeiner Beziehung standen – das Ichbewusstsein fehlte noch vollständig, und diese bedeutungslosen und von allem losgelösten Sinneswahrnehmungen gehörten nicht zu mir. Sie waren einfach da. Diese Art von Bewusstseinszustand dauerte ein bis zwei Minuten; als dann die Wirkung des Narkosemittels weiter nachließ, trat eine deutliche Veränderung ein. Die Farbflecken wurden nicht länger nur als Farbflecken wahrgenommen, sondern mit gewissen Gegenständen «draußen» in der sichtbaren dreidimensionalen Welt assoziiert – in meinem besonderen Fall mit den Fassaden der gegenüberliegenden Häuser, die ich, in meinem Stuhl liegend, durch das Fenster sehen konnte. Indem die Aufmerksamkeit das Gesichtsfeld abtastete, wählte sie nach und nach Stellen aus und begriff sie als Gegenstände. Die *sensa* hatten sich also von nebelhaften und bedeutungslosen Erscheinungen zu ganz bestimmten Gegenständen einer wohlbekannten Kategorie konkretisiert, die in einer vertrauten Welt greifbarer Dinge ihren Platz hatten. Einmal erkannt und klassifiziert, wurden diese Wahrnehmungen (ich bezeichne sie nicht als meine ‹Wahrnehmungen›, denn mein ‹Ich› hatte noch keinen Anteil am Geschehen) sofort deutlicher; gleichzeitig wurden nun allerlei Details erkannt und eingeordnet, die unbemerkt geblieben waren, solange die *sensa* keine Bedeutung besaßen. Was nun erfasst wurde, war nicht mehr nur ein Haufen bloßer Farbflecke, sondern verschiedene Aspekte einer durch die Erinnerung bekannten Welt. Bekannt – aber wem? Und durch wessen Erinnerung? Eine Zeit lang gab es keinen Hinweis auf eine Antwort. Aber nach einer Weile tauchte unmerklich ‹Ich selbst› auf, das Subjekt der Erfahrung. Ich erinnere mich, dass mit diesem Auftauchen des ‹Ich› die Seheindrücke noch deutlicher wurden. Was anfangs bloße *sensa* gewesen waren, was dann durch Interpretation zu konkreten Erscheinungsbildern von einer Vielzahl bekannter Gegenstände wurde, verwandelte sich nun weiter zu Dingen, mit denen ein Selbst, ein geordnetes Gebilde aus Erinnerungen, Gewohnheiten und Wünschen bewusst in Beziehung stand. Mit diesem Bezug zum Selbst wurden die erkannten Gegenstände noch besser sichtbar, nämlich in dem Maße, wie das Selbst sich mehr für die Aspekte der sichtbaren Realität interessierte als das rein physiologische Wesen, das die Farbflecken wahrgenommen hatte, und als das etwas höher stehende, aber immer noch nicht sich seiner selbst bewusste Wesen, das die *sensa* als Erscheinungsbilder bekannter Gegenstände ‹draußen› in einer bekannten Welt erkannt hatte. ‹Ich› war nun zurückgekehrt; und da ‹Ich› zufällig an architektonischen Details und ihrer Geschichte interessiert war, wurden die durch das Fenster sichtbaren Gebilde sofort gedanklich als Teil einer neuen Kategorie eingestuft – nicht lediglich als Häuser, sondern als Häuser eines bestimmten Stils und einer bestimmten Epoche, ausgestattet mit charakteristischen Merkmalen, die man sogar mit so schwachen Augen, wie es meine damals waren, ausmachen konnte, wenn man nur bewusst darauf achtete. Nun wurden diese kennzeichnenden Merkmale erkannt – nicht etwa weil meine Augen plötzlich besser geworden wären, sondern einfach weil mein Verstand wieder in der Lage war, nach ihnen Ausschau zu halten und ihre Bedeutung zu erfassen.» (Aus: *Die Kunst des Sehens,* zitiert nach der deutschen Ausgabe, München 1987, S. 28ff.)

Aus der Beschreibung geht sehr klar die Rolle der beim Aufwachen später eintretenden begriffsbestimmten Prozesse im Hinblick auf das Wiedererkennen hervor.

Ia (Kap. 1, S. 11)

Im erkenntniswissenschaftlichen Werk Steiners wird das Wahrnehmen von Einzelheiten dem «unmittelbar Gegebenen» oder der «reinen Erfahrung» gegenübergestellt. So liest man in *Wahrheit und Wissenschaft* (Kap. IV) als die Beschreibung des Weltbildes, an dem man nicht die «allergeringste gedankliche Bestimmung … vorgenommen hat»:

«Was da an uns vorüberzieht und woran wir vorüberziehen, dieses zusammenhanglose und doch auch nicht in individuelle Einzelheiten gesonderte* Weltbild, in dem nichts voneinander unterschieden, nichts aufeinander bezogen ist, nichts durch ein anderes bestimmt erscheint: das ist das unmittelbar Gegebene.» Unter * in der Fußnote steht: «Das Denken tritt also als formendes Prinzip an den gegebenen Weltinhalt heran. Der Vorgang dabei ist folgender: Es werden zunächst gedanklich gewisse Einzelheiten aus der Gesamtheit des Weltganzen herausgehoben. Denn im Gegebenen ist eigentlich kein Einzelnes, sondern alles in kontinuierlicher Verbindung.» In der *Philosophie der Freiheit* (Kap. V) ist zu lesen: «Die Frage nach dem ‹Was› einer Wahrnehmung kann also nur auf die begriffliche Intuition gehen, die ihr entspricht.»

Die Idee des «Gegebenen» soll von der des «unmittelbar Gegebenen» unterschieden werden. Das Gegebene ist der jeweilige Bewusstseinsinhalt des Menschen, der sich darauf besinnt, d. h. auf seinen Bewusstseinsinhalt reflektiert, ohne an ihm verstandesmäßig etwas zu ändern. Diese Idee wird in der *Philosophie der Freiheit* und in den *Grundlinien* gebraucht.

II (Kap. 1, S. 13)

Steiner sieht das Wesen der Sinnesqualitäten als «Gedankliches» an. Er charakterisiert diese «Ideen» als von höherer Qualität als die logischen Begriffe des Alltags oder der gewöhnlichen Wissenschaft (GA 212, 27. 5. 22).

«Während der alte Yogi von einer Atemart zu der anderen übergegangen ist, muss der heutige Mensch versuchen, lebendig sich mit der ganzen Seele zum Beispiel hineinzuleben in das Rot. Er bleibt also im Gedanklichen. Er lebt sich in das Blau hinein. Er macht den Rhythmus durch: Rot, Blau; Blau, Rot; Blau – was ein Gedankenrhythmus ist, aber nicht so, wie er im logischen Denken abläuft, sondern als ein viel lebendigeres Denken.»

III (Kap. 2, S. 17)

Wir folgen hier im Hinblick auf die Sinne der Auffassung von Steiner, wie er sie in GA 45, Kap. IV, darlegt:

«In anthroposophischer Beleuchtung darf alles dasjenige ein menschlicher Sinn genannt werden, was den Menschen dazu veranlasst, das Dasein eines Gegenstandes, Wesens oder Vorganges so anzuerkennen, dass er dieses Dasein in die physische Welt zu versetzen berechtigt ist.»

Gegenstände, Wesen, Vorgänge werden als solche nur durch Begrifflichkeiten wahrgenommen, die sie aus dem übrigen Wahrnehmungsfeld herausgliedern.

«Wenn man, wie es der Sache entsprechend ist, da von Sinn

spricht, wo eine Erkenntnis zustande kommt ohne Mitwirkung des Verstandes, des Gedächtnisses usw., so muss man noch andere Sinne als die aufgezählten anerkennen.» Im Hinblick auf den Lautsinn heißt es: «Aber es gibt auf diesem Gebiete auch ein Einfaches, Unmittelbares, das genau so *vor* allem Urteilen eine Empfindung darstellt, wie eine Farbe, ein Wärmegrad eine solche ist.»

Diese Darstellung der Sinne unterscheidet sich von den meisten diesbezüglichen Auffassungen, indem sie bloß auf die Sinnestätigkeit des Erwachsenen zutrifft. Das wird besonders an der Schilderung des Begriffs- und Lautsinnes klar. Da aber jedes «Das» oder «Was» begrifflich umrissen ist, so muss jeder Sinn des *Erwachsenen*, um unmittelbar eine Erkenntnis (oder Kenntnis) bewirken zu können, begrifflich belehrt sein (s. auch GA 2, Kap. VII. Die Erscheinung für die Sinne).

IV (Kap. 2, S. 18)

In Steiners *Wahrheit und Wissenschaft*, Kap. IV, ist zu lesen: «Ein solcher Anfang kann aber nur mit dem unmittelbar gegebenen Weltbild gemacht werden, d. i. jenem Weltbilde, das dem Menschen vorliegt, bevor er es in irgendeiner Weise dem Erkenntnisprozess unterworfen hat ...» Es folgt die im Anhang Ia wiedergegebene Beschreibung.

V (Kap. 3, S. 32)

Im Werk Steiners spielt die Sinneslehre eine ziemlich zentrale Rolle; immer wieder kommt er auf diese Problematik zurück. Was im vorliegenden Buch als «menschliches Wahrnehmen» bezeichnet wurde, wird in dem grundlegenden Fragment *Anthroposophie* (GA

45, 1910) als der Ich-Erlebnis-Charakter der Sinneswahrnehmungen beschrieben: «Eine Sinneswahrnehmung wird zum Seelenerlebnis, wenn sie aus dem Gebiete des Sinnes aufgenommen wird in den Bereich des Ich.»

«Bei allem, was sich in der Sinnenwelt erleben lässt, ist der Mensch mit seinem ‹Ich› dabei.»

«Doch aber gehört es zum Wesenhaften *jeder* Sinneswahrnehmung, dass sie ein Ich-Erlebnis werden kann.» (Kap. III.)

«Alle Sinneserlebnisse sind nur, wie die vorhergehenden Betrachtungen ergeben, verschieden modifizierte oder abgestufte Ich-Erlebnisse. In dem Erleben des Ich selbst steht der Mensch mit der übersinnlichen Welt in einer unmittelbaren Beziehung. Die anderen Ich-Erlebnisse werden ihm durch Organe vermittelt. Und durch die Organe offenbaren sich die Ich-Erlebnisse in der Mannigfaltigkeit der Sinnesgebiete.» (Kap. VII.)

Die Unterscheidung zwischen einer Empfindung astralischen Charakters und einem Ich-Erlebnis wird besonders deutlich in Kap. IV dargestellt:

«Zu einem Sinneserlebnis gehört, dass sich ihm ein Urteil erst anschließen kann durch das ‹Ich›. Alles, was der Mensch vollbringt unter dem Einflusse eines Urteiles, muss, wenn es sich auf Sinnes-Wahrnehmungen bezieht, so sein, dass das Urteil innerhalb des ‹Ich› gefällt wird ... Man muss deshalb unterscheiden zwischen Atmungsbehagen, Wärmewohlbefinden, insofern sie instinktive innere Erlebnisse sind, und zwischen den ihnen entsprechenden Wahrnehmungen des Lebenssinnes. Die Welle des Instinktiven muss gewissermaßen erst an den ‹Ich-Menschen› heranschlagen, um zum Gebiete des Lebenssinnes zu gelangen.» (Kap. IV.)

So kann auch z. B. ein Hungergefühl bloß eine Empfindung im Empfindungsleib bleiben oder aber bis zum Ich-Menschen (Ego-Menschen) durch ein Urteil gelangen. Urteilen kann nur das Ich, und zwar mit Hilfe von angeeigneten Begrifflichkeiten. So hängt die Belehrung der Sinne mit der Denk- und Sprachfähigkeit, d. h. mit der Logosbegabung des menschlichen Ich zusammen.

VI (Kap. 4, S. 36)

Die philosophische Formulierung der Tatsache, dass das wahre Ich in der «Wahrnehmungswelt» zu finden ist, hat Steiner auf einem Philosophiekongress in Bologna gegeben (GA 35, Die psychologischen Grundlagen und die erkenntnistheoretische Stellung der Anthroposophie): «Man wird deshalb zu einer besseren Vorstellung über das ‹Ich› erkenntnistheoretisch gelangen, wenn man es nicht innerhalb der Leibesorganisation befindlich vorstellt und die Eindrücke ihm ‹von außen› geben lässt; sondern wenn man das ‹Ich› in die Gesetzmäßigkeit der Dinge selbst verlegt, und in der Leibesorganisation nur etwas wie einen Spiegel sieht, welcher das außer dem Leibe liegende Weben des Ich im Transzendentalen dem Ich durch die organische Leibestätigkeit zurückspiegelt.»

Anschaulich wird diese Tatsache an vielen Stellen geschildert; so z. B. (GA 165, 2.1.1916):

«Nun habe ich öfter betont, dass der Mensch eigentlich dadurch ein Bewusstsein von den Dingen erhält, dass er mit seinem Ich und mit seinem Astralleib im Grunde genommen in den Dingen darin ist. Nur im Tagwachen steckt das Ich und der astralische Leib, man möchte sagen, in Bezug auf dasjenige, was von ihnen nicht in den Dingen ist [in den Dingen ist das wahre Ich und die freie Astralität, Anm. d. Verf.], im physischen Leib darin. Wenn wir dies ins Auge fassen, so können wir sagen: Dass wir Sinnesempfindungen haben, rührt davon her, dass das menschliche Ich und auch der astralische Leib von den Dingen zuerst eine Offenbarung haben, die unbewusst bleibt, und dass sich dann diese Offenbarung spiegelt an den Sinneswerkzeugen und ihren Nervenfortsetzungen im physischen Leib.»

(Vgl. auch GA 128, 23.3.1911; GA 156, 3., 4. und 5.10.1914; GA 204, 16.4.1921; GA 205, 16.7.1921; GA 218, 20.10.1922; GA 228, 2.9.1923; GA 318, 10.9.1924; GA 152, 1.5.1913; GA 206, 13.8.1921.)

In GA 205, 8.7.1921 lesen wir: «In demjenigen, was uns erscheint, wenn wir die Sinne auf die Außenwelt richten, als der Sinnesschleier der Welt, als alles das, was Sinnesqualitäten uns darbieten, in dem sind wir, wenn wir außerhalb unser sind. Nur erlischt dann eben für das gewöhnliche Leben das Bewusstsein ... Dann tauchen wir unter in die Welt, die wir sonst nur durch unsere Sinnesoffenbarung wahrnehmen. Sodass wir uns sagen müssen: Diese Welt, die wir durch unsere Sinnesoffenbarung wahrnehmen, die hat Untergründe, Untergründe, die eigentlich ihre Ursachen, ihre Wesenheiten enthalten. Und diese Ursachen und diese Wesenheiten unmittelbar wahrzunehmen, sind wir im gewöhnlichen Bewusstsein zu schwach ... Man wacht durchaus nicht aus dem Unbestimmten, aus der Finsternis gewissermaßen auf, sondern man wacht eigentlich aus einem Meere von Gedanken auf, von Gedanken, die allerdings den Eindruck machen: sie waren sehr, sehr bestimmt, während man geschlafen hat ...» Diese Gedankenwelt wird folgendermaßen charakterisiert (GA 205, 15.7.1921):

«... eine Gedankenwelt, die den Kosmos, der uns aufnimmt beim Einschlafen, erfüllt. Wir können die letztere Gedankenwelt eben die kosmische Gedankenwelt nennen ... Das ist eine Gedankenwelt, die nicht nur so logisch ist wie unsere gewöhnliche Gedankenwelt, sondern die eine viel höhere Logik enthält. Wenn man den Ausdruck nicht missverstehen will, so möchte ich diese Gedankenwelt eine überlogische Gedankenwelt nennen. Sie ist, ich möchte sagen, ebensoweit über der gewöhnlichen Logik gelegen, wie unsere träumerische Welt, unsere wache träumerische Welt unter der Logik gelegen ist.»

Bewusst kann diese Gedankenwelt nur durch die Intuition als Einweihungsstufe erlebt werden (ebd.):

«Und der Intuition sind wir eigentlich fortwährend unterworfen, nur verschlafen wir das. Wenn wir schlafen, sind wir mit unserem Ich und mit unserem astralischen Leibe ganz in der Außenwelt drinnen; wir entfalten da jene intuitive Tätigkeit, die man sonst entfalten muss in der Intuition. Nur ist der Mensch in dieser gegenwärtigen Organisation zu schwach, um dann bewusst zu sein, wenn er intuitiert; aber er intuitiert in der Tat in der Nacht.» – «Intuitieren» ist der Ausdruck für das, was oben «Identifizierung» genannt wurde.

VIII (Kap. 4, S. 37)

Außer aus den obigen Texten geht die Auffassung Steiners im Hinblick auf die Ideennatur des Sinnesteppichs aus folgendem Text klar hervor (ebd.):

«Der Sinnesteppich ist ausgebreitet, da draußen sind die Sinnesqualitäten, und das, was ich noch über dasjenige, was in den Sinnesqualitäten liegt, mit dem Bewusstsein erfasse, das sind eben Gedanken. Ich meine, hinter dem, was wir in der physischen Welt haben, ist nichts anderes da als Gedanken.»

IX (Kap. 4, S. 38)

Dieses geistige Verhältnis wird wie folgt charakterisiert (GA 20, Kap. Ausblicke): «Und die sinnliche Wahrnehmung des gewöhnlichen Bewusstseins ist die *Offenbarung* eines geistigen Verhältnisses, das jenseits dieses gewöhnlichen Bewusstseins sich abspielt zwischen der Seele und derjenigen Welt, welche der Naturforscher zeichnet. Geschaut werden kann dieses Verhältnis erst durch das schauende Bewusstsein. Wird die Welt, welche die naturwissenschaftliche Vorstellungsart zeichnet, materiell gedacht, so bleibt sie unverständlich; wird sie so gedacht, dass in ihr ein Geistiges lebt, das als Geistiges zum Menschengeiste spricht, in einer Art, die erst von dem schauenden Bewusstsein erkannt wird, so wird dies Weltbild in seiner Berechtigung verständlich.»

Im imaginativen Erkennen bleibt allein diese Offenbarung (GA 26, 15.3.1925): «Die Bilder, die er von der physischen Welt vor der Seele hat, sind jetzt nicht von den Sinnesorganen getragen; sie sind für die unmittelbare Anschauung ein Beweis dafür, dass der Mensch durch die Sinnesverbindung hindurch mit der natürlichen Umwelt noch in einer anderen Verbindung steht, die nicht von den Sinnen getragen ist. Es ist die Verbindung mit dem Geiste, der in der natürlichen Außenwelt verkörpert ist.»

Diese ursprünglich geistige Korrelation metamorphosiert sich teils zur Wirklichkeitsempfindung (vgl. GA 21, Kap. I und IV, 5), teils aber durch ihr Erleben am Organismus zu dem mathematisch-physikalischen Begriffsgerüst, mit dem die Naturwissenschaft arbeitet (vgl. GA 322, 29.9.1920; GA 326, 27.12.1922). Mit dieser Begriffsart wird die Natur nicht verstanden, sondern nur berechnet. Ursprünglich, in früheren Naturerfahrungen (vgl. GA 202, 26.12.1920; GA 222, 22.3. 1923), nahm am Wahrnehmen der ganze Mensch teil (vgl. GA 156, 20.12.1914); das ist im homöopathischen Sinne auch heute der Fall (vgl. GA 322, 2.10.1920 (abends); GA 220, 7.1.1923). Beim kleinen Kind ist das noch so: Es ist ganz Sinn (vgl. GA 212, 26.5.1922; GA 218, 19.11.1912).

X (Kap. 4, S. 39)

Eine eindrückliche Stelle, wo die Wahrnehmung als Grenzerlebnis geschildert wird, ist in GA 93a, 12.10.1905 zu lesen:

«Wenn keine Gedanken in den Wahrnehmungen wären, so wäre es die größte Torheit des Menschen, sich Gedanken darüber bilden zu wollen. Dann wären die Gedanken bloß Illusionen, wenn nicht die Wahrnehmungen zustande gekommen wären durch Gedanken. Was die Kombination der Wahrnehmungen ergibt, das ist, dass die Wahrnehmungen zuerst aufgebaut sind durch Gedanken, die wir herausschälen: die Naturgesetze. Diese sind nichts anderes als

Gedanken; der schöpferische, der Heilige Geist ist es. Die Wahrnehmung ist die Grenze zwischen beiden, wo sich unsere Gedanken berühren mit den schaffenden Gedanken draußen.» (Vgl. diesbezüglich auch GA 207, 30.9.1921; GA 194, 30.11.1919.) Unter «Naturgesetze» werden hier und an vielen anderen Stellen im Werk Steiners eben nicht die naturwissenschaftlichen Gesetze gemeint, sondern die *wahren* Gesetze, etwa im Sinne der Goetheschen Naturanschauung. (Vgl. GA 144, 4.2.1913; GA 155, 24.5.1912; GA 197, 30.7.1920; GA 198, 3.7.1920; GA 198, 10.7.1920; GA 184, 11. u. 12.10.1918; GA 188, 5.1.1919; GA 84, 20.4.1923; GA 152, 2.5.1913.)

XI (Kap. 5, S. 44)

Die Gedankengänge dieses Kapitels sind in etwas abweichender Form, aber dem Wesen nach gleich, in Anhang 5 von GA 45, *Anthroposophie, ein Fragment*, zu finden. Dieser Anhang ist ein Fragment gebliebener Aufsatz von Steiner. In diesem ist zu lesen:

«In dem Hingegebensein an eine Wahrnehmung der Eigenbewegung liegt also ein Seelenvorgang von jener Art vor, wie diejenigen sein müssen, welche gleichzeitig mit einer äußeren Wahrnehmung sich abspielen ... Würde die äußerliche sinnliche Wahrnehmung in entsprechendem Falle unbewusst bleiben können und dafür sich das Ich ganz dem inneren Seelenvorgang hingeben können, so müsste es etwas Ähnliches erleben wie bei einer Eigenbewegung. Nur würde es in keinem inneren Vorgang die Veranlassung zu dem Seelenvorgange finden können.»

XII (Kap. 7, S. 57)

Der Einfluss des physischen Leibes, der Sinnesorgane, auf das Wahrnehmungsbild wird durch Steiner auf folgende Weise beschrieben (GA 188, 10.1.1919):

«Wir sind dann [im Wachzustand] durch unser Ich und durch unseren astralischen Leib mit unserer Umwelt verbunden in einer Weise, von der das gewöhnliche Bewusstsein keine Ahnung hat...

Unser Leib nämlich hat eine gewisse Eigentümlichkeit gegenüber diesen Erlebnissen. Er schwächt, so kann man sagen, diese Erlebnisse ab. Alles das, was wir eigentlich in Wahrheit erleben mit unserer Umwelt, das schwächt unser Leib ab, und wir nehmen nur die Abschwächung unseres Leibes wahr, nicht unsere wirklichen Erlebnisse. Unsere wirklichen Erlebnisse verhalten sich zu dem, was wir durch unseren Leib von unserer Umgebung vernehmen ... wie sich das Sonnenlicht, das auf den Stein scheint und vom Stein so zurückkommt, sodass wir den Stein sehen können, zu dem wirklichen Sonnenlichte verhält, das uns oben von der Sonne entgegenschaut. Sehen Sie auf den Stein, auf den das Sonnenlicht fällt: Sie können den Stein anschauen, das reflektierte, das zurückgeworfene Licht können Sie mit Ihren Augen vertragen. Wenden Sie sich vom Steine zur Sonne und schauen starr in die Sonne, werden Sie geblendet ... Das, was wir wirklich mit der Umgebung erleben, hat von dieser Stärke bloß die Abschwächung, welche das abgeschwächte Licht, das uns irgendein Gegenstand zurückwirft, von der Stärke des Sonnenlichtes hat. Wir sind Sonnenwesen in unserem innersten Menschen; aber wir können es jetzt noch nicht ertragen, Sonnenwesen zu sein. Daher müssen wir, so wie wir mit unseren äußeren physischen Augen sehen müssen auf das abgeschwächte Sonnenlicht, weil uns das direkte Sonnenlicht blendet, unsere Umgebung wahrnehmen durch das abgeschwächte Erlebnis unseres Leibes und seiner Werkzeuge, weil wir nicht unmittelbar uns entgegenstellen können dem, was wir wirklich von unserer Umgebung erleben. Wir sind tatsächlich so als Menschen, wie wenn wir geblendet wären vom Sonnenstrahl, und das, was wir von uns und von der Welt wissen, ist nicht unseres Wesens, ist nicht, als wenn es unmittelbar erlebt würde im strömenden Sonnenstrahl, sondern ist so wie das Licht, das uns zurückgeworfen wird von den Gegenständen und das unsere Augen nicht mehr blendet.» (Vgl. auch G. Kühlewind, Die Aufmerksamkeit – Substanz des Ich, *Die Drei*, Sept. 1988.)

Im Hinblick auf die Wirkung der Begriffe im Wahrnehmen spricht Steiner z. B. wie folgt (GA 198, 10.7.1920):

«Wir lassen im wachen Zustande niemals diese Welt nur in uns einströmen. Wenn wir auch ein nur wenig aktives Denken in Ideen entwickeln, so bringen wir doch gewissermaßen aus dem Inneren heraus diesen auf uns einstürmenden Tönen, Farben, Gerüchen, Geschmäcken, überhaupt allen Sinnesqualitäten, den aus unserem Innern aufsteigenden Gegenstoß der Ideenwelt entgegen.»

«... wenn wir bloß hingegeben wären an die Welt der Wahrnehmungen, dann lebten wir eigentlich als Menschen in unserem ätherischen Leibe und mit dem ätherischen Leibe in einer ätherischen Welt. Sie brauchen sich nur vorzustellen, wie Sie, hingegeben durch die Augen an die Farbenwelt, in einer wogenden, ätherisch wogenden Farbenwelt leben würden, wie Sie, hingegeben durch Ihre Ohren an die tönende Welt, in einem wogenden Tonmeer leben würden, das allerdings nicht ätherisch zunächst ist, aber es würde ätherisch sein, wenn Sie nicht den Gegenstoß durch die Ideen liefern würden ... Es ist also Ätherisches, das nur bis zur Luft materiell verdichtet ist; die Töne sind nur der luftförmig-materielle Ausdruck wiederum vom Ätherischen. Und so ist es mit den Wärmequalitäten, mit den Geschmacks-, mit den Geruchsqualitäten, mit allen Sinnesqualitäten. Denken Sie sich also weg den Gegenstoß der Ideenwelt von innen, denken Sie sich, Sie lebten in einem ätherischen Meere als ätherische Wesenheit, Sie würden niemals zu jener menschlichen Konsistenz kommen, mit der Sie eigentlich zwischen Geburt und Tod in der Welt dastehen. Wodurch nur können Sie zu dieser Konsistenz kommen? Dadurch, dass Sie darauf hinorganisiert sind, dieses Ätherische abzutöten, abzulähmen. Und wodurch lähmen wir es ab? Durch den Gegenstoß der Ideen.» (Siehe auch GA 21, Kap. I. und Kap. IV/3. Von der Abstraktheit der Begriffe.)

XIII (Kap. 7, S. 57)

Über die individuellen Beobachtungsorgane sagt Steiner (in GA 16, Kap. 5.):

«Man kann das übersinnliche Beobachtungsorgan des elementarischen Leibes so ausgebildet haben, dass man diese oder jene Tatsache erleben kann; soll eine andere geschaut werden, so muss das Organ für diese erst wieder besonders ausgebildet werden.» (Siehe auch GA 138, 28.8.1912).

Anhang XIV (Kap. 7, S. 57)

Über das Urphänomen sagt Steiner (in GA 188, 5.1.1919):

«Zu den alltäglichen Vorstellungen wird das gehören müssen, dass man auf das Mineral- und Pflanzenreich so hinschaut, wie Goethe hingeschaut hat, der nicht geglaubt hat, dass in den Phänomenen etwas anderes als höchstens die Grundphänomene sich offenbaren. Nach Naturgesetzen hat Goethe nie geforscht, das wäre ihm sehr phantastisch erschienen.»

Anmerkungen

Die Werke Rudolf Steiners werden zitiert nach den Bibliographienummern der Gesamtausgabe (GA), die im Rudolf Steiner Verlag, Dornach/Schweiz erscheint.

1 G. Kühlewind, *Die Logosstruktur der Welt*, Kap. 2: Besinnung auf die Begriffe, Stuttgart 1986.

2 Moritz Schlick (1882 - 1926), Philosoph, Logiker, Begründer des so genannten «Wiener Kreises», dessen bedeutendster Vertreter R. Carnap war.

3 G. Kühlewind, *Das Licht des Wortes*, Kap. 11, Stuttgart 1984.

4 Vgl. Anm. 3, Kap. 5, 8, und 11.

5 M. Merleau-Ponty, *The Primacy of Perception*, Chapter: The Child's Relation with Others. Northwestern Univ. Press 1964.

6 Goethe, *Sprüche in Prosa*, Naturwissenschaftliche Schriften, 4/2. Band, Kürschners National Literatur. Die Maxime lautet: «Das Tier wird durch seine Organe belehrt; der Mensch belehrt die seinigen und beherrscht sie.» Das kann vor allem auf die Sinne bezogen werden, ohne die andere Organe, z. B. die Gliedmaßen, nicht belehrt werden könnten.

7 In Tierversuchen hat man gezeigt, dass die Nervenprozesse durch das Interesse, man sollte eher sagen: durch parallel laufende Nervenprozesse, beeinflusst werden. So dringt beim Erklingen eines Tones das elektrisch erfasste Zeichen nicht vom Ohr in das Gehirn, wenn das Tier zugleich mit Nahrung beschäftigt ist. Beim Menschen kommt ein Nicht-Wahrnehmen durch reine Ablenkung der Aufmerksamkeit nicht selten vor. Falls die Aufmerksamkeit bei ihm den Nervenprozess beeinflussen kann, so ist das ein Zeichen, dass der Geist auf das Physische wirkt; geht der Nervenprozess auch während eines Nicht-

Wahrnehmens ungestört vor sich, dann bedeutet das die Unabhängigkeit der Bewusstseinstätigkeit vom Nervenprozess.

8 Die Ausdrücke «das Gegebene» und «das unmittelbar Gegebene» werden schon vor Steiner im älteren Positivismus, z. B. durch Ernst Mach, verwendet; sie bezeichnen bei ihm die Sinnesempfindungen. Steiner gebraucht die Ausdrücke differenzierter und auch elastischer. Differenzierter, indem er den jeweiligen Bewusstseinsinhalt bei dem Stillstehen-Lassen der Verstandestätigkeit das Gegebene nennt; aus diesem kann das «unmittelbar Gegebene» durch die gedankliche Eliminierung der Begriffe rekonstruiert werden (s. Anhang Ia.). Elastischer ist sein Gebrauch, indem er die Trennlinie zwischen Gegebenem und Nicht-Gegebenem als verrückbar beschreibt, je nach Alter z. B., und auch in seinen verschiedenen Werken unterschiedlich zieht.
«Die Grenze zwischen Gegebenem und Erkanntem wird überhaupt mit keinem Augenblicke der menschlichen Entwicklung zusammenfallen, sondern sie muss *künstlich* gezogen werden. Dies kann aber auf jeder Entwicklungsstufe geschehen, wenn wir nur den Schnitt zwischen dem, was ohne gedankliche Bestimmung an uns herantritt, und dem was durch letzteres erst daraus gemacht wird, richtig führen.» (GA 2, Kap. IV.)

9 Beschrieben in P. Tradowski, *Kaspar Hauser*, Stuttgart 1984.

10 Die Spieler wählen, ohne Mitwissen von einem Spieler, einen Einzelgegenstand oder einen Begriff, z. B. die Schere der Tante von jemandem. Der eine Spieler muss durch Fragenstellen und die Antworten den Gegenstand erraten. Das beste Fragesystem beginnt mit den allgemeinsten Kategorien, z. B.: Ist es etwas Lebendiges oder etwas Lebloses? Etwas Natürliches oder etwas von Menschen geschaffenes?

11 GA 45, Kap. IV.

12 GA 212, 26.5.1922; GA 218, 19.11.1922; GA 307, 10.8.1923.

13 GA 170, 2.9.1916.

14 G. Kühlewind, *Das Licht des Wortes*, Kap. 5, 8 und 11.

15 Ebd. Kap. 6.

16 Ebd. Kap. 11.

17 Vgl. GA 17, Nachwort 1918; GA 161, 2.5.1915; GA 163, 6.9.1915; GA 176, 24.7.1917; GA 178, 15.12.1917, GA 214, 22.8.1922; GA 316, 9.1.1914.

18 «Fühlen» kann im Deutschen auf Wärme, Geschmack, Geruch,

Tasterfahrungen, Gleichgewicht, Hunger, Bewegung angewendet werden; aber in anderen Sprachen hat es weitere Anwendungsgebiete, so z. B. ist es italienisch gleich «hören», in Urdu auch «sehen», türkisch auch «erfahren».

19 z. B. kann die Präposition «in» räumlich, zeitlich oder völlig innerlich («in der Freundschaft») usw. angewendet werden. Das Kind erfasst an einem– z. B. räumlichen – Beispiel alle Möglichkeiten.

20 Vgl. GA 4, Kap. X., 1. Zusatz; GA 17, Kap. I.; GA 293, 23.8.1919; 29.8.1919; GA 4, Erster Anhang.

21 Vgl. GA 16, Kap. I.

22 In der Geistesforschung wird diese Tatsache von vielen Gesichtspunkten aus beschrieben. So heißt es z. B. (GA 163, 30.8.1915): «Der Mensch ist eigentlich mit dem Teil, der erkennt, immer außerhalb seines Leibes und seiner Leibesfunktionen. Der lebt in den Dingen, habe ich oftmals gesagt. Und dass er etwas erkennt, das beruht darauf, dass sich sein Erleben in den Dingen an seinem Leibe spiegelt.»

23 GA 1, Kap.: Goethe, Newton und die Physiker.

24 GA 35, Die psychologischen Grundlagen und die erkenntnistheoretische Stellung der Anthroposophie.

25 GA 174 b, 26.4.1918; GA 196, 13.2.1920.

26 G. Kühlewind, *Die Logosstruktur der Welt*, Kap. 5. Siehe auch GA 21, Kap. IV, 5.

27 G. Kühlewind, *Die Logosstruktur der Welt*, Kap. 3, s. auch Kap. l.

28 GA 134, 28.12.1911; GA 194, 30.11.1919; GA 293, 21., 22.u. 23.8. 1919.

29 GA 53, 9.2.1905.

30 GA 207, 30.9.1921.

31 So werden *Laute* z. B. nur vom Menschen wahrgenommen. Für die Vögel, die das menschliche Sprechen nachahmen, sind es weder Laute noch Worte; sie können Geräusche ebenso nachahmen (und tun es auch). Ein Laut, ein Wort hat für den Menschen eine Bedeutung (Eigenbedeutung), die für die Tiere nicht existiert.

32 G. Kühlewind, Das Wahrnehmen räumlicher und zeitlicher Formen, in: *Das Goetheanum* 21/1984. – Über das Organ des Eigenbewegungssinnes s. K. König, *Sinnesentwicklung und Leiberfahrung*, Kap. 3, Stuttgart 1995.

33 GA 17, Kap.: Von dem Ichgefühl.

34 G. Kühlewind, Die Umkehr des Willens und die Begegnung mit der Logoskraft, in: *Das Goetheanum* 7/1986.

35 Über das Herablähmen des Wahrnehmens und das «alte Wahrnehmen» s. GA 153, 11.4.1914; GA 186, 15.12.1918; GA 188, 10.1.1919; GA 198, 4. u. 17.7.1920; GA 202, 26.12.1920; GA 222, 22.3.1923; GA 21, Kap. 1.

36 GA 170, 7.8.1916. Steiner nennt den Sinn für das Ich des anderen Menschen «Ich-Sinn». Hier wird er nach seiner Funktion «Du-Sinn» genannt.

37 GA 45, Kap. 4; vgl. Anhang III.

38 Siehe Kap. l

39 Der Unterschied zwischen den Begrifflichkeiten der menschengeschaffenen und der Naturdinge war den englischen Empiristen, so z. B. Locke, noch klar bewusst. Er nennt die ersteren Begriffe «Real Essences», d. h. «wirkliche Begriffe», die der Naturdinge «Nominal Essences», also nominalistische Begriffe, die eigentlich bloße Namen sind, da wir die wirklichen Ideen dieser Dinge nicht verstehen (Human Understanding, III. 6. 26). Seitdem ist dieser Unterschied in der Philosophie so gut wie verschwunden.

40 Mündliche Mitteilung von Prof. J. Weizenbaum.

41 Im Hinblick auf das Lesen siehe Anm. 32.

42 Vgl. GA 45, Kap.: Das Ich-Erlebnis.

43 G. Kühlewind, Das Wahrnehmen räumlicher und zeitlicher Formen, in: *Das Goetheanum* 21/1984.

44 GA 134, 30.12.1911. Auch 31.12.1911.

45 GA 199, 8.8.1920. Die Heraufstrahlung der unteren Sinne in die Seele wird auf folgende Weise charakterisiert:
Geruch: Mystische Einheit mit Gott.
Tastend: Durchdrungensein mit dem Gottgefühl.
Gleichgewicht: Innere Ruhe, sich als Geist fühlen.
Bewegungssinn: Empfindung des eigenen freien Seelischen.
Lebenssinn: Behaglichkeit.

46 Photowidmung Rudolf Steiners an Kurt Liebig, 1918.

47 G. Kühlewind, Die Schulung der Aufmerksamkeit, in *Freiheit erüben*, Stuttgart 1988; *Vom Normalen zum Gesunden*, Kap. 5, Stuttgart 1986.

48 Siehe Kap. 4.
49 Siehe Anm. 47 und G. Kühlewind, *Bewusstseinsstufen*, Kap.: Konzentration und Kontemplation, Stuttgart 1980.
50 GA 35, *Philosophie und Anthroposophie.*
51 G. Kühlewind, *Das Licht des Wortes*, Kap. 11.: Das wortlose Denken.
52 Siehe Anm. 47 und G. Kühlewind, *Die Wahrheit tun*, Kap.: Die Meditation, Stuttgart 1984.
53 Siehe Anm 47 und *Die Wahrheit tun*, Kap.: Das reine Wahrnehmen, Stuttgart 1982; *Die Diener des Logos*, Kap.: Wahrnehmen als Therapie, Stuttgart 1981; *Das Licht des Wortes*, Kap.: Das Lesen im Buch der Natur; Kap.: Das Wahrnehmen des Lebens.
54 Das menschengeschaffene Ding ist in seiner Stofflichkeit auch «Natur»; wir verstehen seine Funktion, die menschlicher Gedanke ist.
55 GA 156, 3.10.1914; GA 21, IV. 5.; GA 26, 15.3.1925; GA 205, 16.7.1921; GA 206, 13.8.1921; GA 163, 30.8.1915.
56 Vgl. GA 144, 4.2.1913; GA 155, 24.5.1912; GA 197, 30.7.1920; GA 198, 3.7.1920; 10.7.1920; GA 184, 11. u. 12.10.1918; GA 152, 2.5. 1913.
57 Vgl. GA 322, 2.11.20, abends; 3.11.20. G. Kühlewind, *Die Wahrheit tun*, Kap.: Über die reine Wahrnehmung; *Diener des Logos*, Kap.: Wahrnehmen als Therapie. *Das Licht des Wortes*, Kap.: Das Lesen im Buch der Natur; Kap.: Das Wahrnehmen des Lebens.
58 Siehe G. Kühlewind, *Vom Normalen zum Gesunden*, Kap. 5. *Freiheit erüben*, Kap.: Die Schulung der Aufmerksamkeit.
59 Vgl. G. Kühlewind, *Die Diener des Logos*, Kap.: Wahrnehmung als Therapie.
60 G. Kühlewind, *Das Leben der Seele*, Kap.: Weltenprozesse in der menschlichen Seele, Stuttgart 1986.
61 Vgl. G. Kühlewind, *Die Logosstruktur der Welt*, Kap. 5.
62 Vgl. G. Kühlewind, Die Umkehr des Willens und die Begegnung mit der Logoskraft, in *Das Goetheanum* 21/1984.
63 R. Steiner, GA 10, Kap.: Stufen der Einweihung.

Weitere Bücher von Georg Kühlewind

AUFMERKSAMKEIT UND HINGABE

Die Wissenschaft des Ich
110 Seiten, kartoniert

«Das ist die Kraft des Ich oder der Aufmerksamkeit, dass sie sich identifiziert mit dem vorläufigen Objekt und doch unverändert bleibt. Dies mag in dem Pendelschlag Hingebung – Rückkehr geschehen, da ergibt sich eine Erfahrung in Vergangenheit. Oder es kann in der Gegenwärtigkeit stattfinden, indem das Ich in der Durchsichtigkeit zeugt. In der Selbstbewusstseinsseele muss die Bewusstheit wenigstens für einen Augenblick in die Durchsichtigkeit gehoben werden.»

MEDITATIONEN

über Zen-Buddhismus, Thomas von Aquin und Anthroposophie
115 Seiten, kartoniert

In den über hundert Meditationen, die Georg Kühlewind dem Leser empfiehlt, geht es um Grundfragen einer Weltpraxis: Gestimmtheit zum Verstehen, Gestimmtheit zum Guten, das Erkennen und seine höheren Formen, das wahre Selbst und Leere als Wirklichkeit. Im Verfolg dieser Meditationen ergibt sich ein erstaunliches Resultat: Rudolf Steiner, Thomas von Aquin und der Zen-Buddhismus konvergieren in ihrer Zielsetzung auf eindrückliche Weise – verschieden sind ihre Wege.

Weitere Bücher von Georg Kühlewind

DER SANFTE WILLE

Vom Gedachten zum Denken, vom Gefühlten zum Fühlen,
vom Gewollten zum Willen
129 Seiten, kartoniert

Wenn wir eine Arbeit tun oder einen bestimmten Zweck verfolgen, setzen wir unseren «harten» Willen ein. Beim Sprechen beispielsweise oder beim Lächeln, beim Erinnern und bei jeder künstlerischen Tätigkeit wie auch beim Meditieren ist dagegen eine andere Art von Willen wirksam. Georg Kühlewind zeigt, wie man durch Besinnung, Meditation und Übung diesen «sanften» Willen wahrnehmen und verwenden lernen kann.

VOM NORMALEN ZUM GESUNDEN

Wege zur Befreiung des erkrankten Bewusstseins
248 Seiten, kartoniert

«Wir sind zu bequem. Wir denken: Um meine und aller Welt Lebensprobleme zu lösen, bin ich gut und klug genug, so wie ich bin. Nun, die großen Künstler müssen täglich viele Stunden üben. Und wir, die wir vielleicht gar nicht so große Virtuosen sind auf dem Gebiet des Erkennens und der moralischen Fragen, wie viel üben wir auf diesem allgemein-menschlichen Gebiet?»